ビジネス化する労働市場政策

劣化する雇用

伍賀一道
脇田滋
森﨑巌
編著

旬報社

はじめに

二〇一六年一一月、日本は憲法公布七〇年目を迎えます。日本人三〇〇万人余、アジアの国の人びと二〇〇〇万人余、その他の諸国の人びとを含めると数千万人もの犠牲を経て、私たちは日本国憲法を手にしました。敗戦後、それほど経たないうちから、「アメリカによる押しつけ憲法」とか、「自主憲法制定を」という、憲法の平和主義を覆そうとする主張が繰り返されてきましたが、国民の大多数は「再び戦場に行かない、家族を送らない」「外国の人びとを殺すような戦争はしない」という思いを大切に抱き続けてきました。

もちろん、日本国憲法を貫く精神は自由と平和のもとに生きる権利だけではなく、基本的人権、幸福追求の権利、生存権、労働権、団結権・団体交渉権・争議権の保障など、人間の尊厳を基本とする社会を築く責務を国に課したことにあります。思想信条の自由、飢えの恐怖からの解放、教育を受け、自由に学ぶことの保障、人間らしく働き、生活できる条件の整備などです。

こうした戦後七〇年を貫いてきた日本社会の共通基盤に対して、自分たちの利益追求の障害物とみなして、根底から覆そうとする力がいま強まっています。その中心は言うまでもなく解釈改憲によって集団的自衛権を容認する安保法制の制定（二〇一五年九月）です。それにとどまらず、生存権（憲法二五条）や労働権（同二七条）に対してもその内実を改変する政策が進められています。安倍政権は安保法案と並行して、派遣労働をこれまで以上に拡大する新労働者派遣法の成立も強行しました。またホワイトカラーの一部を労働時間規制から除外するホワイトカラー・エグゼンプション法案（労働基準法改正法案）も国会で継続審議になっています。さらに解雇の金銭解決制度の導入も企図されています。私たちは日本国憲法を基本原理とする政治、社会、生活、雇用と働き方を守り、さらに前進するにはどうすべきか正面から考えなければならない事態に直面しています。

雇用流動化の時代

高度成長期から一九八〇年代まで、大企業の正社員になれば定年までの雇用が保障され、毎年の賃金上昇と企業内福利によって安定した暮らしができるという、日本的長期雇用慣行に対する期待と信頼が広くゆきわたっていました。ところが、バブル経済が破綻した九〇年代以降、長期不況のもとで日本型雇用慣行は次第に変容しています。大企業の男子正社員でも関連会社への出向が日常化し、入社時の企業で定年を迎えられる労働者は半数をはるかに下回るまでになっています。電機産業をはじめ、名だたる大企業でも希望退職や退職勧奨という事実上の退職強要（リストラ）が公然と行なわれるようになりました。「追い出し部屋」はその典型です。

アメリカでは労働組合が健在な職場においては、一時解雇（レイオフ）と職場復帰のルール（先任権制度＝レイオフは勤続の短い労働者から、職場復帰は勤続の長い順に適用される制度）の存在がよく知られていますが、日本ではこうした労働組合の規制力が不十分なため不当な追い出しや転職の強要が広がっています。

とはいえ、企業による新規学卒者に対する一括採用方式は現在も維持され、昨今の景気回復を反映し、学卒労働市場は売り手市場と言われています。ただし、採用後の状況はかつてと様変わりしています。企業には、新入社員に対して時間をかけて研修を行ない、能力や技能を養成する余裕がなくなり、短期間の研修だけで新人を現場に出すようになりました。「仕事をしながら覚えろ」というわけです。新人に仕事のやり方を教えるはずの先輩社員は自身のノルマに追われ、そのゆとりはなくなりました。厳しい成績主義による労働者の選別が当たり前となり、自発的退職に誘導するようなパワハラやいじめも横行しています。こうした結果、希望をもって就職した若者が早期離職する割合が大企業でも増加しています。

後でくわしく取り上げますが、安倍政権のすすめる「労働改革」では長期雇用慣行を批判し、企業による雇用維持よりも雇用流動化促進に重点を移す政策が重視されています。労働者の追い出しと再就職（アウトプレースメント、転職支援など）を専門に引き受ける人材ビジネスの活用を、助成金（労働移動支援助成金）を支給して奨励する政策が採られています。

他方、非正規雇用はどうでしょうか。その数はいまや二〇〇〇万人に達し、労働者の四割に迫っています。なかでも雇用が細切れ化し、不安定度が高いのが派遣や請負などの間接雇用です。派遣労働者のなかには、①短期の雇用契約を何度も繰り返しながら同じ派遣先企業で長期間にわたって働いている〝定着型〟派遣労働者とともに、②日雇い派遣に象徴されるように、就業と失業を繰り返しながら短期間で派遣先をいくつも変える〝漂流型〟の派遣労働者の二つのタイプがあります。程度の違いはありますが、両者に共通するのは雇用契約の更新の有無や新たな派遣先確保への不安です。二〇一五年九月に成立した新労働者派遣法は、〝定着型〟派遣労働者に対し、上限三年で職場から追い出す規定を設けており、〝漂流型〟労働者に転換するものです。

新労働者派遣法案に反対する「非正規労働者の権利実現全国会議」の緊急アンケート（二〇一五年六～八月）には、「三年ごとに職場を変わらなければならなくなるのは、不安。必ず次が見つかるという保証が無い。年を取って特別な技能も無い者は路頭に迷う可能性が非常に高い。」「三年後に就業先があるかどうかの不安を抱えて働かされるのはおかしい。三年ごとに時給が下がる。」など、当事者の怒りの声があふれています。

以上のように、正社員についても、非正規労働者についても流動化がキーワードとなっています。これを推進する主役として人材ビジネスが位置づけられ、その市場を拡大する政策が進められているのが今日の特徴です。就職困難な若者の就労支援事業を人材ビジネスに委託し、若者を紹介予定派遣で就労させる政策も登場しています。

働き方・働かせ方のルール

日本国憲法二七条の労働権の保障とは、どのような労働条件の働き口でもあればよいというものではありません。まともな雇用、人間の尊厳にふさわしい働き方（今日のディーセント・ワーク）を整備することを国家の責務としています。同様の趣旨は国連の「世界人権宣言」（一九四八年）にも明記されており、いわば第二次大戦後の世界共通原理となっています。そうであれば、「ワーキングプアと過労死予備軍の併存状況」は早急に改めなければなりません。

一九八〇年代から今日までの三〇年間は、大企業男性に対する日本型長期雇用を前提としつつ、女性を主な対象としてパートや派遣社員など非正規雇用の導入を促進した段階から、日本型雇用の縮小・雇用流動化を基本とする新自由主義的構造改革政策へ転換する過程と言えるでしょう。

八〇年代から九〇年代前半にかけて、日本の集中豪雨的輸出攻勢によって生じた欧米諸国との貿易摩擦を緩和するため、政府が労働時間短縮に乗り出したこともありました。しかし、九〇年代不況が深まるにつれ、本格的な時短政策や夜間労働に対する規制が行なわれないまま、変形労働時間制や裁量労働制などの労働時間法制の弾力化が先行実施されました。この結果、過労死・過労自殺する労働者が増え、「過労死社会」と称されるまでになりました。

近年、厚生労働省の「ブラック企業」対策や、過労死等防止対策推進法の制定（二〇一四年）に示されるように、労働基準の整備に向けた前進が見られる一方で、ホワイトカラー・エグゼンプション法案（労働基準法改正法案）が国会上程されるなど、過労死社会をより加速する動きもあります。非正規雇用はもとより正規労働者もリスクある働き方から逃れることができないと言うべきでしょう。

本書では「労働市場政策」という用語を使用しています。この意味について少し触れておきます。

労働市場を求職者と求人企業の労働力需給調整の場と捉え、この需給調整機能にかかわる政策を労働市場政策とする見解があります。また、労働力需給調整にかかわる当事者として、公的職業紹介事業のほかに民間の人材ビジネスも加え、さらに需給調整の市場化を進める政策までも含めて労働市場政策とする見解も現れています。この点は後に改めて言及します。

ところで、労働市場における求職者（労働者）と求人企業（使用者）は対等な関係にはありません。資本主義社会では、よほどの好況期でない限り、求職者が求人に対して過剰となる傾向があり、しかも労働者は不利な条件であっても労働力を売り控えできないため、企業が労働者よりも強い立場にあります。使用者は労働者に対してしばしば「君の代わりはいくらでもいるよ」と言います。このため労働時間法制や最低賃金制をはじめ、労働市場を規制する種々の労働法制がなければ、労働者が使用者（企業）と対等な関係に接近することはできません。

本書における「労働市場政策」は単に労働力需給調整政策に限定せず、このような働き方・働かせ方に関わるルール（労働基準）をも含む言葉として用いています。本書で職業能力開発や均等待遇政策などを対象に取り上げているのもそうした理解に立っています。ただし、紙数の都合上、労働時間や安全衛生など狭義の労働基準政策に関わる分野は取り扱っていません。

良質な雇用を求めて

「ワーキングプアと過労死予備軍との併存状況」を改めるために、憲法の労働権保障をふまえた雇用と働き方・働かせ方に関わる政策（以下、労働市場政策）を整備することが求められています。ところが、今日の状況を見ると、新自由主義的市場原理にもとづいて、労働市場のなかで人材ビジネスを主役に位置づけ、公的職業紹介事業を脇役とする雇用政策が進められ、安倍「労働改革」によってさらに加速されています。これを容認するならば、人間の尊厳にふさわしい働き方の実現はこれまで以上に遠のくでしょう。

こうした問題関心を共有する研究者や法律家、ジャーナリストなどが全労働省労働組合の呼びかけに応えて、二〇一四年春に「労働市場政策のあり方研究会」を発足させました。二〇一五年七月まで合計七回の研究会を重ね、労働市場政策や人材ビジネスに対する基本的捉え方と現状、およびあるべき雇用政策の検討を行ないました。研究会の成果をふまえて、多くの人たちに議論の材料を提示することを目的として本書を刊行することとしました。

本書の主な構成は以下のとおりです。

Ⅰ章（変貌する労働市場）では、一九八〇年代から今日までの三〇年をふりかえり、日本の雇用と働き方・働かせ方と労働市場政策がどのように変貌したかについて概観します。

Ⅱ章（労働市場に拡がる人材ビジネス）は、まず、今日の労働市場の特徴である雇用形態の多様化の現状を「半失業」という視点から捉え直し、貧困や社会保障との関わりで考察します。続いて、労働権保障の観点に立って、労働市場の整序を図る要《かなめ》の役割を果たしてきた公共職業安定所がいまどのような状況におかれているか、他方、新自由主義的構造改革のなかで労働力需給調整の担い手として位置づけられるようになった人材ビジネスの実態について明らかにします。

Ⅲ章（「失業なき労働移動」の実像）では、労働市場の変貌に雇用政策がどのようにかかわってきたかについて、①雇用維持型から労働移動支援型への雇用政策の転換、②労働者派遣法改正、③職業能力評価、ジョブ・カードなどの面から明らかにします。

以上をふまえて、Ⅳ章（良質な雇用を創出するために）は、①いま求められている労働市場政策の全体像をもとに、②労働権保障を担う雇用法制、③能力開発行政、④同一労働同一賃金、均等待遇原則など、具体的な課題に焦点をあてて論じています。

最後に、労働市場政策が本来向き合うべき目的を確認しつつ、本書のまとめを行ないます。

本書が、労働者、労働組合関係者、労働市場政策に関わる多くの人たちの目にとまり、望ましい労働市場政策実現に向け活発な議論喚起の一助となれば幸いです。

二〇一六年五月

伍賀一道

劣化する雇用——ビジネス化する労働市場政策◉目次

Ⅰ章

変貌する労働市場

日本の雇用と働き方・働かせ方は一九八〇年代以降、バブル経済、その後の長期のデフレ不況を経て大きく変貌しました。正社員が労働者の大多数であった時代から、非正規雇用が労働者全体の四割近く、女性労働者のなかでは六割近くを占めるまでになりました。非正規雇用のなかでも、直接雇用のパート・アルバイトや契約社員だけでなく、雇用関係のない別会社で働く派遣労働者や、実際には雇われているのと変わらないような「個人事業主」も増えています（宅配便労働者、塾講師、家電量販店や住宅設備機器メーカーの商品取り付け技術者など）。はじめに、雇用と働かせ方の変化について概観しましょう。

1　日本の労働規制は「岩盤」か？

日本の雇用や働き方・働かせ方は、「岩盤規制」によって保護され硬直化しているため、グローバル競争が激化するもとで日本企業は不利になっているという議論が強まっています。安倍首相は二〇一四年一月のダボス会議の演説で、「自らドリルの刃となって、この岩盤規制に穴をあけ突破する」と宣言しました。その具体化が、労働者派遣制度および労働時間法制の改変、ホワイトカラー・エグゼンプションの導入などの労働法制の大転換です。

後でくわしく紹介しますが、日本の雇用と働かせ方は硬直化しているどころか、九〇年代半ば以降の構造改革・規制緩和政策によって使用者にとって十分すぎるほどに弾力化しているのが実態です。

表Ⅰ－１　雇用形態別労働者の推移

（単位：万人、％、ポイント）

		2004年	2014年	2004年→2014年
男女計	役員を除く雇用者	4,975	5,240	265
	正規雇用	3,410	3,278	－132
	非正規雇用	1,564	1,962	398
	非正規比率	31.4	37.4	6.0
男　性	役員を除く雇用者	2,851	2,889	38
	正規雇用	2,385	2,259	－126
	非正規雇用	466	630	164
	非正規比率	16.3	21.8	5.5
女　性	役員を除く雇用者	2,124	2,351	227
	正規雇用	1,025	1,019	－6
	非正規雇用	1,098	1,332	234
	非正規比率	51.7	56.7	5.0

（出所）「労働力調査（詳細集計）」（2014年）長期時系列表10より作成。

非正規化と高齢化の同時進行

日本の雇用と働かせ方が十分すぎるほど弾力的であることは、使用者にとって雇用調整の容易な非正規雇用の増加に現れています。**表Ⅰ－１**が示すように、二〇〇四年から一四年までの一〇年間に「役員を除く雇用者」（労働者）は四九七五万人から五二四〇万人へ、二六五万人増えました。労働者の増加は続いているのですが、その特徴は正規雇用が減少する一方で、非正規化と高齢化が同時進行していることです。

この一〇年間に正規雇用は三四一〇万人から三二七八万人へ、一三二万人減少したのに対し、非正規雇用は一五六四万人から一九六二万人へ三九八万人増加しました。この間の労働者の伸び（二六五万人）をはるかに超える非正規の増加です。正規雇用から非正規への転換は依然として続いています。とくに男性正規労働者の減少が顕著で

（単位：%）

500人以上			官公	1000人以上 ＋官公
	500～999人	1000人以上		
26.5	29.3	25.6	22.0	24.2
37.1	37.5	37.0	25.1	33.4

調査では派遣元の規模、14年は派遣先の規模で回答している。

（一〇年間で一二六万人の減）、女性の減少数（同、六万人）を大幅に上回っています。

非正規雇用比率は大企業よりも小零細企業のほうが高いことにも注目する必要があります（**表Ⅰ‐2**）。非正規化はグローバル競争を主導する巨大企業のみならず公務部門を含め日本社会全体を覆い、いわば社会標準とも呼べる状況となっています。

表には示していませんが、正規雇用の減少はとくに九九人以下の小零細企業で目立っています。一〇年間の正規雇用全体の減少数（一三二万人）を上回る減少です（一三七万人）。これは経営難による小零細業者の廃業を反映しているものと考えられます（「労働力調査」詳細集計、二〇〇四年～二〇一四年）。

年齢別に見た雇用形態

表Ⅰ‐3、4（二一頁）は男女別、年齢別の雇用形態について、二〇〇四～二〇一四年までの約一〇年間の推移を見たものです（女性については簡略化）。まず目につくのは、「役員を除く雇用者」（労働者）が男女ともに、一五～三四歳の若年層で大幅に減少していることです。とくに男性の減少が顕

表Ⅰ-2　従業員規模別非正規雇用比率

		総計			100人未満小計	100～499人
			1～29人	30～99人		
非正規比率	2004年	31.4	37.5	34.4	36.4	31.2
	2014年	37.4	41.1	39.3	40.4	37.0

（注）非正規雇用比率算出のもとになる非正規労働者のうち、派遣労働者の従業員規模は2004年
（出所）「労働力調査（詳細集計）」（2004年、2014年）より作成。

著です（男性二一四万人、女性一一八万人の減）。これに対し、三五歳～五四歳の中年層では男性一〇九万人、女性一八六万人が増加、五五歳以上の層でも男性一四二万人、女性一五九万人が増加しています。若年労働力の減少と対照的に労働者の中高齢化が目立っています。

一五～二四歳男性の前期若年層は、この一〇年間で正規雇用、非正規雇用ともに減少したのですが、二五～三四歳では正規雇用が一八五万人減少したのに対し、非正規雇用は一一万人増えました。この年齢層全体の減少とともに、学卒時に正規雇用につけないまま非正規に滞留する若者が依然多いことを示しています。三五～四四歳層は正規、非正規ともに増えていますが、これは年齢構成要因を反映するもので、非正規雇用率は一〇年間で上昇しました。

非正規雇用の主役は依然として中年女性で（二〇一四年、三五～五四歳層六四三万人）、非正規雇用全体（一九六二万人）の三分の一を占めています。とはいえ、近年、とくに目立つのは高齢男性の非正規雇用率が増加していることです。二〇〇四～二〇一四年にかけて、五五～六四歳、六五歳以上層でそれぞれ二五・三％から三二・九％へ、六三・七％から七一・四％へ上昇しました。この一〇年間に男性の非正規労働者は一六四万人増加しましたが

（四六六万人→六三〇万人）、この内訳を見るともっとも多いのが六五歳以上の七四万人で、五五〜六四歳の四九万人、三五〜四四歳二九万人がこれに続いています。少子高齢化を背景に男性非正規雇用の主役は若年層から高齢層にシフトしつつあります。

六五歳以上の高齢者のなかで非正規雇用が増えたのは、「自分の都合のよい時間に働きたいから」、「専門的技能を活かせるから」という理由だけではありません。およそ四分の一の人は「家計の補助を得たいから」および「正規雇用の仕事がないから」という理由をあげています。年金だけでは生活が成り立たなくなっている高齢者が増加しているからです。高齢非正規労働者の大半を「余暇活用型」と捉えることは一面的です。

よく知られているとおり、非正規雇用の増加は低所得層の増加を意味します。「労働力調査（詳細集計）」（二〇一四年）によれば、年収三〇〇万円に満たない人が労働者全体の五一・九％を占めていますが、就労時間あるいは就労期間が短いからというだけではありません。時間当たり賃金が低いことが主たる要因です。このため長時間残業をしても二〇〇万円に満たない非正規労働者も少なくありません。[*1]

フレキシブルな労働力の増加、不安定さ増す間接雇用

非正規雇用の大半は雇用期間が限られた有期労働契約で働いています。「労働力調査（基本集計）」（二〇一四年）によれば有期契約労働者は一五〇二万人、非正規雇用一九六二万人に対するその比率

表Ⅰ-3　雇用形態別・年齢別の男性労働者（2004→2014年）

（単位：万人、％）

		年齢計	15－24歳	25－34歳	35－44歳	45－54歳	55－64歳	65歳以上
役員を除く雇用者	2004年	2,851	277	778	657	606	442	91
	2014年	2,889	236	605	754	618	490	185
	2004→2014年	38	－41	－173	97	12	48	94
正規雇用	2004年	2,385	163	688	612	561	329	32
	2014年	2,259	132	503	681	560	329	53
	2004→2014年	－126	－31	－185	69	－1	0	21
非正規雇用	2004年	466	115	91	44	46	112	58
	2014年	630	105	102	73	58	161	132
	2004→2014年	164	－10	11	29	12	49	74
非正規雇用比率	2004年	16.3	41.5	11.7	6.7	7.6	25.3	63.7
	2014年	21.8	44.5	16.9	9.7	9.4	32.9	71.4

（出所）「労働力調査（詳細集計）」（2014年）長期時系列表10より作成。

表Ⅰ-4　雇用形態別・年齢別の女性労働者(2004→2014年)

（単位：万人、％）

		年齢計	15－34歳	35－54歳	55歳以上
役員を除く雇用者	2004年	2,124	834	933	357
	2014年	2,351	716	1,119	516
	2004→2014年	227	－118	186	159
正規雇用	2004年	1,025	473	416	136
	2014年	1,019	389	475	155
	2004→2014年	－6	－84	59	19
非正規雇用	2004年	1,098	359	517	219
	2014年	1,332	327	643	362
	2004→2014年	234	－32	126	143
非正規雇用比率	2004年	51.7	43.0	55.4	61.3
	2014年	56.7	45.7	57.5	70.2

（出所）「労働力調査（詳細集計）」（2014年）長期時系列表10より作成。

は七六・六％にのぼります。[*2] 使用者は、常時必要な労働者についても雇用調整を柔軟にするため、有期雇用を利用する傾向があります。しかも、短期労働契約を何度も更新し、トータルの勤続年数が五年、一〇年を超えるという事例も珍しくありません。

使用者にとって雇用調整しやすいという点では、直接雇用に比べ、派遣労働や業務請負などの間接雇用はきわだっています。派遣労働というシステムは雇用関係（派遣元と派遣労働者との間で雇用契約を締結）と指揮命令関係（派遣労働者は派遣先の指揮下で就労）が分離した特異な労働の形態です。こうした「分離」が本当に可能なのかどうかは大問題なのですが。

このような労働のありようは第二次大戦後、四〇年近くにわたって職業安定法（一九四七年）によって労働者供給事業として禁止されていました。これを部分的に取り出して合法化したのが労働者派遣法（一九八五年）です。

派遣法が創作した雇用関係と指揮命令関係の分離を前提に、派遣元は、派遣先に対して、①使用者責任の回避、②コスト削減、③雇用調整の容易さの「メリット」を提供しています。派遣先企業は派遣料金を支払うことで、派遣労働者を雇用しないにもかかわらず、自社の指揮命令下において就労させ、これらのメリットを手に入れることができます。派遣先が手にするメリットは派遣労働者にとっては不利益そのものです。こうした働かせ方が拡大することを防止するため、当初の派遣法では派遣対象業務と派遣期間を厳しく限定していました。

安倍政権が二〇一五年九月に成立を強行した新労働者派遣法は、このような派遣システムを派遣先企業が期間制限なしに利用できるように大転換するものです。また、これまで派遣先が二六業務を装うことで三年を超えて就労させられていた派遣労働者が、「労働契約申込みみなし制度」を活用して派遣先の直接雇用に転換できる可能性を剥奪するものです。派遣法改変についてはⅢ章2でくわしく取り上げています。

＊1　非正規雇用一九六二万人のうち二三四万人（一一・九％）が月一八一時間以上働いていますが、うち一一七万人は年収二〇〇万円に満たない状態です（「労働力調査（詳細集計）」二〇一四年）。

＊2　①一般常雇の有期契約（一〇七一万人）、②臨時雇（三五七万人）、③日雇（七四万人）を合計して有期契約労働者としました。「労働力調査」の雇用形態は職場における呼称で調査しているため、正規雇用のなかにも有期契約労働者が含まれている可能性がありますが、この計算にあたってはゼロと仮定しました。

2　「正社員」は安泰か

過労死というリスク

非正規雇用の増加は、正規労働者を長時間・過重労働に追い込むなど正社員の働き方にも大きな影響を及ぼしています。使用者の裁量権が拡大し、健康に深刻なダメージを及ぼす長時間労働を、残業手当や深夜手当なしに強いるケースが少なくありません。その結果は過労死・過労自殺、精神障がいの増加です。過労死は一九八〇年代初頭に労働医学の研究者によって光があてられ、社会問題となりましたが、三〇年たった今でも、抜本的に除去するには至っていません。

「労働力調査（基本集計）」（二〇一四年）によれば、週六〇時間以上（月間残業時間は八〇時間を超過）就労する男性正規雇用は三三一万人（男性正規雇用の一四・六％）、さらに週八〇時間という、法定労働時間の二倍働く労働者が三九万人もいます。「労働力調査」の調査票に、週の労働時間「六〇時間」、「八〇時間」という区切りが設けられたのは二〇一三年ですが、このこと自体、日本の労働時間の異常さを象徴するものと言えるでしょう。

日本の雇用保護は厳格ではない

かつて大企業の「正社員」になれば、定年までの雇用が保障されるというイメージがありました。しかし「はじめに」でも触れたとおり、今では名だたる大手企業でも正社員の追い出しが本格化しています。正規雇用を削減するうえで、退職を誘導するしくみ（事実上の退職強要）が果たす役割は大きく、諸外国と比較し、日本の解雇規制の実態は厳格ではありません。先進諸国が加盟するＯＥＣＤ（経済協力開発機構）のデータでは日本の雇用保護の厳格さはむしろ低いほうに属します。[*3] 退職強要による「自発的離職」をＯＥＣＤの解雇指標に含めれば、雇用保護に関する日本の位置はさらに低下するでしょう。長年の労働運動の努力で確立している整理解雇に関わる法理は裁判や労働委員会で争う場合には有効ですが、大半の労働者はそこに至る前に職場を去っています。

さらに、規制改革会議の第三次答申（二〇一五年六月）を受けて、解雇の金銭解決制度の導入に関する議論が厚生労働省の検討会で行なわれています。この制度は、裁判所が「不当解雇」と認めた場合でも、使用者が当該労働者に一定額の金銭を支払えば解雇自体は有効とするもので、言わば解雇権を金銭取引の対象とすることを意味しています。先の答申は「解雇無効時において、現在の雇用関係継続以外の権利行使方法として、金銭解決の選択肢を労働者に明示的に付与し、選択肢の多様化を図ることを検討すべき」としていますが、この制度によって、不当解雇が増加することが危惧されています。

＊3 この点については、伍賀一道『「非正規大国」日本の雇用と労働』（新日本出版社、二〇一四年）「第八章」を参照。

3 雇用と働き方はなぜ変わったのか

日本型雇用慣行の修正、縮小

このような雇用と働き方・働かせ方の変化をもたらした要因として、第一に企業の雇用管理・人事方針の転換があります。新規学卒者を一括採用し、定年までの雇用を前提として、企業内で時間をかけて技能・能力を養成する日本的雇用慣行を転換するようになりました。ただし、このような雇用慣行を大企業は全面的に放棄したわけではありません。好況期と不況期で程度の差はありますが、新規学卒者の一括採用はいまなお続いています。二〇一六年四月採用者については売り手市場になってもいます。しかし、入社後の研修のあり方をはじめ、成績主義がさらに強化されるなど働かせ方は様変わりしています。

また、経営難に陥った企業のみならず業績の良い企業でも、正社員の選別、入れ替えを行なうようになりました。新規学卒時に入社した企業に働き続ける「標準労働者」が全労働者に占める比率は、一〇〇〇人以上の大企業男性についても三〇代で急激に低下しています。[*4] もちろん自ら転職を望む若者もいるのですが、他方で働き続けることができないような働かせ方によって精神疾患にり患し、早期離職に追い込まれる労働者が増えています。さらに、早期退職を前提として「正社員」を大量に採用する企業（「ブラック企業」）も現われるようになりました。次に取り上げる非正規雇用に依存する度合いの高いサービス産業でとくにそうした傾向が顕著です。いまでは日本型雇用とは無縁の「正社員」が増えつつあると言えるでしょう。

労働力の入れ替えが進んだ結果、入職者に占める転職者の比率は中小企業のみならず大企業においても増加し、新規学卒者を上回るまでになっています。

表Ⅰ‐5によれば、二〇一三年の一〇〇〇人以上規模の大企業における「一般労働者[*5]」の入職者（一二一〇万七〇〇〇人）のなかで新規学卒者は三一万一〇〇〇人（二五・七％）でした。これに対し転職入職者は七三万人（六〇・四％）、このうち雇用期間の定めのない転職入職者は三八万九〇〇〇

表Ⅰ-5　入職者に占める新規学卒者、転職入職者の比率

（単位：1000人、％）

	一般労働者	未就業者		転職入職者			一般労働者全体に占める新規学卒者の比率	一般労働者全体に占める転職入職者の比率	一般労働者全体に占める転職入職者(雇用期間の定めなし)の比率
		一般労働者	新規学卒者の一般労働者	一般労働者	雇用期間の定めなし	雇用期間の定めあり			
企業規模計	4,258.3	1,320.7	807.9	2,937.6	1,902.3	1,035.3	19.0	69.0	44.7
1000人以上	1,207.4	477.8	310.5	729.7	388.9	340.8	25.7	60.4	32.2
300～999人	684.6	218.4	150.0	466.2	249.8	216.4	21.9	68.1	36.5
100～299人	522.5	167.4	125.4	355.1	227.4	127.7	24.0	68.0	43.5
30 ～ 99人	748.4	182.5	89.9	565.8	442.5	123.3	12.0	75.6	59.1
5 ～ 29人	899.1	210.0	93.6	689.1	544.5	144.7	10.4	76.6	60.6

（注1）企業規模計には官公営を含む。
（注2）「一般労働者」の定義は、Ⅰ章注5を参照されたい。
（出所）厚生労働省「雇用動向調査」（2013年）より作成。

人（三二・二％）です。[*6] 企業規模が小さくなるにつれ、転職者の割合は大きくなっています。

このように雇用と働かせ方はずいぶん変わりました。大企業経営者は従業員の雇用や生活の安定よりも株主や役員の利益を優先する方針に転じました。ちなみに、国内上場企業の二〇一五年三月期決算で、一億円以上の報酬を得た役員は二一一社の四一一人となり、過去二年間で計一一〇人増加しました。役員報酬の最高額は日産のゴーン社長の一〇億三五〇〇万円で、同社の従業員の平均年収七七六万円との差は実に一三三倍です（朝日新聞二〇一五年七月二六日付）。

非正規雇用に依存するサービス産業

雇用と働き方・働かせ方の変化をもたらした第二の要因として、バブル経済期以降に加速した消費至上主義を背景としたサービス部門の肥大化があります。資本は、消費の個性化・多様化をうながし、商品のモデルチェンジを短期間に次々と行ない、人びとの消費をあおりました。飲食業や各種サービス部門での企業間競争の激化は非正規労働者による夜間労働や長時間残業、交替制勤務を恒常化させています。日本は「二四時間型社会」に変貌し、非正規雇用や過労死の増加をもたらしました。

飲食店、コンビニ、宅配サービス、通信販売、コールセンターなどの宿泊業・飲食サービス業や卸売・小売業は非正規雇用比率がとくに高く、深夜労働に従事する労働者が多い部門です。これまで日本の産業別就業構造は、卸売・小売業、宿泊業・飲食サービス業の就業者の比率が高い一方、教育、保健、行政部門の比率が低いという特徴がありました。北欧の福祉国家諸国では、「教育、保健、社会事業」の就業者比率が高く日本と対照的です。

近年の日本では、介護、福祉、保育、教育など社会的公共サービス部門においても民営化、市場化が進んでいます。公的セクターにおける業務の民間委託化、指定管理者制度や市場化テスト・競争入札制の導入によって、雇用契約は短期化し、契約価格の切り下げ競争は労働条件引き下げの強力なテコとなっています。低賃金の非正規雇用は公共サービス分野（生活保護のケースワーカー、ハローワークの相談員、保育士、学童保育指導員、図書館司書、消費生活センターなど）にも広がっています。[*7] ケアワーカーは高齢社会を支える基幹的労働者ですが、働き方の過酷さに加えて低賃金のため正規、非正規を問わず離職率が高く、精神障がいにり患する人びとも目立っています。

＊4　従業員数一〇〇〇人以上企業・大卒男性の三五～三九歳の層について、標準労働者が一般労働者（常用労働者

のうち短時間労働者以外の労働者）に占める比率は、一九九八年当時は五五・七％でしたが、二〇〇三年五二・七％、〇八年四七・九％、一三年三二・二％と低下しています（「賃金構造基本統計調査」より算出）。

＊5　「一般労働者」とは「常用労働者」（①期間を定めずに雇われている者、②一か月を超える期間を定めて雇われている者、③一か月以内の期間を定めて雇われている者または日々雇われている者で、前二か月にそれぞれ一八日以上雇われた者）のうち、パートタイム労働者（常用労働者のうち、一日の所定労働時間がその事業所の一般の労働者より短い者、またはその事業所の一般の労働者と一日の所定労働時間が同じでも一週の所定労働日数が少ない者）以外の者を言います。

＊6　このなかにはグループ企業間の労働移動も含まれています。

＊7　上林陽治『非正規公務員の現在――深化する格差』（日本評論社、二〇一五年）参照。

4　新自由主義的労働政策の変遷と人材ビジネス

雇用と働かせ方を変貌させたいま一つの要因として、九〇年代以降の歴代政権が推進した雇用政策（労働政策）に注目しましょう。政権によって多少の濃淡はあるものの、一連の雇用政策は新自由主義的政策原理で一貫しています。

雇用調整のための弾力化・柔軟化

一九七三年の石油危機後の世界同時不況のもとで、ＯＥＣＤは世界経済の停滞を打開するための処方策として、それまでの福祉国家的政策を放棄し、新自由主義を原理とする構造調整政策への転換を提起しました。労働政策・社会政策の領域では、失業者に対する生活保障、公的就労事業、最低賃金制などの公的保障措置を縮小し、労働市場において市場メカニズムが発揮されるようにすべきとしました。これは顕在的失業者を非正規雇用に誘導する政策を意味します。

八〇年代から九〇年代にかけて欧米諸国で「雇用の弾力化」や「労働市場の柔軟化」という用語がさかんに使用されるようになりました。パートタイマーや有期契約労働者、派遣労働者などの非正規雇用が増加するとともに、失業給付を受給する顕在的失業者は低賃金で雇用調整しやすい労働者として就労するように推奨されました。[*8]

また、失業の大半を求人・求職のミスマッチによるものと捉え、ミスマッチが解消すれば非自発的失業の多くは解決されるとの考えにもとづいて、求人と求職のマッチングに重点をおいた政策がすすめられました。資本主義の経済システムのもとで労働者は供給過剰傾向があり、かつ売り控えができない不利な立場にあるという認識はありません。こうした「雇用の弾力化」や「労働市場の柔軟化」政策のもとで、労働者派遣や民間職業紹介などの人材ビジネスが次第に大きな役割を演じるようになりました。

人材ビジネスの積極的活用政策

日本では一九八五年の労働者派遣法制定によってそれまで禁止されていた派遣労働、つまり企業が労働者をレンタルして使うことが合法化されました。その後、九六年の派遣法改正で派遣労働の許可業務が一六業務から二六業務に拡大され、九九年には港湾運送、建設、医療、製造業務などを除いて原則自由化されました。これと併行して民営職業紹介事業の規制緩和も推進されました。

民営職業紹介事業の規制緩和に向けて大きな役割を果たしたのが労働省（現厚生労働省）のもとに設けられた雇用法制研究会の報告「今後の労働市場法制の在り方について」（一九九八年）です。このなかで、①「労働市場における労働力需給調整機能の向上を図るため」、従来の公共職業安定機関を原則とした制度から、「民間の労働力需給調整機関が果たし得る機能を正面から視野に入れた新たな体系への移行」を図ること、②そのために「労働市場の法的枠組み」を整備し、「公共職業安定機関による職業紹介を中心とした規定」の職業安定法を見直すこと、③公共職業安定機関と民間の労働力需給調整機関との関係について、「労働市場における労働力需給調整の円滑化に向けた適切な協力関係の構築が必要である」ことなどを提案しています。

同報告は、「多数の求人者、求職者が存在する状況の下で、それらの求人・求職の結合に向けた活動を『労働力需給調整』として位置づけ、また、こうした労働力需給調整が行われる場を『労働市場』」と捉え、「労働市場における労働力需給調整及びこれを行う主体に関する法制」を「労働市場法制」と定義しています。さらに、報告は、「労働市場の整備に当たっては、市場原理に基づいた労働力の需給調整が行われるようにするとともに、労働力の持つ特性に十分に配慮していく必要がある。」とし、「労働力需給調整」機能の市場化、商品化を容認しています。文字どおり人材ビジネスの積極的活用への端緒を切り開く内容でした。

求人企業と求職者（労働者）が対峙する場（労働市場）のみならず、両者の需給調整機能（職業紹介事業）をも市場化し、人材ビジネスにゆだねるという二重の市場化を意図したものです。こうして、需給調整機関には市場原理によらない公共職業安定所（ハローワーク）と、市場原理にもとづく民間業者（人材ビジネス）が併存することになりました。

九九年には派遣法改正だけでなく、職業安定法も改正され、人材ビジネスを需給調整機関と位置づけ、民営職業紹介事業の対象職種を原則自由化しました。今世紀に入ると人材ビジネスの位置づけは「労働力需給調整機能」から「労働市場のインフラ整備」の担い手へ拡大していきます。[*9] インフラ整備のなかには職業紹介のみならず、職業能力評価や能力開発まで含まれています。

小泉政権の構造改革

二〇〇一年四月に発足した小泉政権はデフレ不況からの脱却、構造改革の実現を旗印に掲げ、不良債権の処理を強行しました。不良債権処理をとおして、建設業、不動産業、流通業、さらに銀行業の淘汰・再編を進めました。不良債権の処理は、日本の金融システムを再編・強化するためだけではなく、過剰債務をかかえて競争力を失った企業や産業を淘汰することを目的としていました。これによって職を失った人たちが大量に生まれました。二〇〇〇年から〇二年までの二年間で完全失業者は三二〇万人から三五九万人に増加、完全失業率は四・七%から五・四%に急上昇しました。

小泉政権は「労働市場の構造改革」、「労働分野の規制緩和（規制改革）」をとくに重視し、従来の日本的長期雇用慣行からの転換や雇用の流動化を強く打ち出しました。今日の安倍政権が推し進める長期雇用に対する批判のルーツは小泉構造改革にあると言ってもよいでしょう。同政権の閣僚に起用された竹中平蔵氏（現在、パソナ会長）が、現安倍政権のもとで産業競争力会議の民間議員として人材ビジネスを活用した雇用流動化を推進していることも象徴的です。

「労働市場の構造改革」を具体化する措置が二〇〇三年に実施された雇用保険法・労働者派遣法・職業安定法（民営職業紹介事業の規制緩和）・労働基準法（有期労働契約の上限を三年に延長）をセットにした法改正に現れています。このような一連の法改正を方向づけたものとして、厚生労働省が設けた雇用政策研究会（座長　小野旭東京経済大学教授）の報告「雇用政策の課題と当面の展開」（二〇〇二年七月）があります。このなかで「『多様選択可能型社会』の実現」を掲げて、非正規雇用への誘導（労働契約期間の上限見直し、労働者派遣事業の規制改革、若年者への紹介予定派遣の活用など）とともに、雇用保険の失業給付の「最大限合理化」を打ち出しました。また、雇用保険三事業に関して、「雇用維持支援から円滑な労働移動の支援や能力開発の支援への重点化」を提起しています。[*10] 失業時保障の削減と労働移動の促進をセットにし、非正規雇用の活用による失業防止という政策提起は新自由主義的失業政策、労働政策の典型と言えるでしょう。

同報告は、能力評価や能力開発についても以下のように言及していますが、ここに今日の人材ビジネス活用政策の原型を見ることができます。

「具体的には、個人が、職業生涯を通じたキャリア形成についての戦略を持った上で、主体的なキャリア形成、能力開発を行えるよう、キャリア・コンサルティングのための体制整備、主体的な能力開発機会の確保と包括的な職業能力評価制度の整備等を、民間を活用し、企業の内外を通じて効果的に推進するとともに、求人情報や自己啓発機会に関する情報へのアクセスを容易にすることが必要である。」

日本型雇用の柱であった「企業による技能養成」から、人材ビジネスによる横断的な能力評価・技能養成への転換が提唱されています。しかも、個々人の負担でこれらのサービスを人材ビジネスから購入するという構図です。

労働移動自体を人材ビジネスの市場とする政策も進められました。二〇〇一年一二月、総合規制改革会議は「規制改革の推進に関する第一次答申」において民営職業紹介事業において求職者からも手数料を徴収できるようにする構想を提起しましたが、これは〇三年に具体化され、民営職業紹介事業者は従来から認められていたモデルや芸能家に加え、年収七〇〇万円以上の経営管理者・科学技術者・熟練技能者について求職者手数料の取得が可能となりました。[*11]

民主党政権下の労働政策

ワーキングプアや日雇い派遣が社会問題となり、二〇〇八年秋のリーマン・ショックを契機とする世界恐慌によって大企業を中心に派遣切り、非正規切りの嵐が吹き荒れました。格差と貧困を加速した構造改革政策に対する批判が高まり、二〇〇九年七月の総選挙で自公政権に代わって民主党政権が誕生しました。二〇一一年三月の大震災後、民主党政権が構造改革路線に回帰するまで、新自由主義的労働政策・雇用政策は一時後退しました。二〇一〇年七月の雇用政策研究会報告「持続可能な活力ある社会を実現する経済・雇用システム」では、①正規・非正規労働者の二極化解消、働き方の改善（有期雇用ルールの整備、最低賃金の引上げ、均等・均衡待遇の推進）、②ハローワークを拠点とした積極的就労支援・生活支援、雇用保険を受給できない人への「第二のセーフティネット」の整備、パーソナル・サポートの導入、③雇用調整助成金の役割の評価とともに、④正規雇用と非正規雇用の中間に位置する雇用形態として「多様な正社員」構想を提起し、「職種限定正社員」「勤務地限定正社員」などに言及しています。

＊8　ＯＥＣＤ（島田晴雄監訳）『先進諸国の雇用・失業――ＯＥＣＤ研究報告』（日本労働研究機構、一九九四年）参照。
＊9　雇用政策研究会報告「雇用政策の課題と当面の展開」（二〇〇二年）参照。
＊10　雇用調整助成金の予算は、景気回復もあって二〇〇三年度二六二億円から、〇四年度一七九億円、〇五年度一四二億円、〇六年度一〇二億円、〇七年度二三億円に減少しました。
＊11　就業後、六か月以内に支払われる賃金の一〇・五％を上限としています。

5　岐路に立つ労働市場政策——安倍「労働改革」と人材ビジネス

二〇一二年一二月にスタートした第二次安倍政権は成長戦略の柱に「労働改革」を掲げました。この内容の詳細はⅡ章、Ⅲ章にゆずり、ここでは基本構想の確認にとどめておきます。

職業能力の「見える化」

安倍「労働改革」は労働者が労働移動すること、つまり雇用流動化を正常な、あるべき状態としています。グローバル競争のもとでは産業・企業の転変や盛衰は避けることができず、これを前提に労働者に長期雇用慣行への執着を捨てるように求めています。雇用流動化推進型の雇用政策へ転換するため、企業の雇用維持を支援する雇用調整助成金から労働移動支援助成金へ、予算配分を大きくシフトさせました。

また、労働能力の「見える化」を進めて、企業に雇用してもらえるように、自らの意思と責任で職業能力の向上に努める労働者像が推奨されています。たとえば、改正職業能力開発促進法（二〇一五年）はジョブ・カードの普及・促進を提起し、その整備を図っています。就職や転職の際に求人側に職業能力を示すデータとするためです。一般に、こうしたデータは横断的労働市場の整備にとって大切な役割を果たすものですが、どのような評価項目、評価基準にするか、誰が評価するのかなどが重要なポイントです。

厚生労働省が提案しているジョブ・カードはキャリア・プランや職務経歴シート、職業能力証明シートから構成されていますが、職業能力の評価項目には技能資格のような客観的事項だけでなく、企業内の小集団活動や懇親会への参加状況などの仕事ぶりも含まれています。評価者の主観に左右される、いわゆる情意考課です。また、求職者自身の自己評価に加えて、在職先企業も評価するしくみになっているため、労働者を萎縮させ、転職を抑制する効果をもたらすことが懸念されています。[*12] たとえば「ブラック企業」は、離職を希望する労働者の職業能力証明シートにどのような能力評価を記載するでしょうか。

人材ビジネスにとってのビッグチャンス

改正職業能力開発促進法はジョブ・カードの作成を支援するキャリア・コンサルタントの登録制も定めています。雇用流動化が常態となる時代の到来は、労働者派遣や民営職業紹介を担ってきた人材ビジネスにとって新たなビジネスチャンスです。雇用流動化を促す助成金（労働移動支援助成金）は、リストラをすすめる企業を支援する人材ビジネスに対して公的資金を提供することを意味しています。人材ビジネスは、労働力需給調整機能にとどまらず、労働市場のインフラを担う重要な役割を与えられ、マッチング機能（職業紹介）のほかに、リストラ支援や、能力評価、能力開発、キャリア・コンサルティングなどの機能も期待されています。

公的職業紹介事業と人材ビジネスの逆転

労働者派遣事業の売上高はリーマン・ショック時の二〇〇八年度（七兆七八九二億円）をピークに低下し続けています（一三年度五兆一〇四二億円）。こうした状況を反転させたい業界（人材ビジネス）は、派遣切りに対する社会的批判を機に導入された二〇一二年の改正派遣法の規制緩和を強く求めてきました。

雇用流動化を進める安倍「労働改革」の基本的特徴は、人材ビジネス業界の利益を最優先にした政策が推進されていることです。先に取り上げた一九九八年の雇用法制研究会報告（「今後の労働市場法制の在り方について」）では人材ビジネスを公的職業紹介事業と対等なパートナーとして位置づけることを提唱しましたが、安倍「労働改革」は、公的職業紹介事業を人材ビジネスの従属的位置へ転換するものです。

このことは、二〇一四年四月に改正した厚生労働省の「雇用政策基本方針」にも示されています。「方針」は次のように定めています。

① 公共職業安定所、民間人材ビジネス、学校、地方公共団体などさまざまなマッチング機関どうしが連携することで外部労働市場全体としてのマッチング機能を最大化する。公共職業安定所は、求人情報を広く他のマッチング機関に提供する、公共職業安定所利用者に対して他のマッチング機関の情報提供を行なうなど、外部労働市場全体としてのマッチング機能を高めるインフラとし

ての役割を果たす。

② 民間人材ビジネスの機能がよりいっそう発揮されるよう、ビジネス・モデルの開発への支援等の必要な環境整備を進める。また、民間人材ビジネスの利用者が自身に合った事業者を選択できるよう、各事業者が自社の強みをよりわかりやすく伝える環境を整備する。加えて、利用者が安心して民間人材ビジネスを利用するために、行政と業界団体が連携して業界の質の向上を推進する。

③ 外部労働市場のマッチング機能の強化を図るために、民間人材ビジネスと公共職業安定所がそれぞれの強みを発揮するとともに、両者の連携を推進する。また、長期失業者の再就職支援、子育て後の職場復帰支援、学卒未就職者の就職支援等の民間人材ビジネスが強みを発揮できるものについて、国から民間人材ビジネスに委託し、事業実施を通じて支援のノウハウを構築する。

ここに産業としての人材ビジネスの成長に対する支援の方針が明瞭に現れています。マッチング機能を強調していますが、そこで成立する雇用の質の吟味は後回しにされています。公共職業安定所は憲法二七条の労働権保障に依拠して設置されたものですが、市場原理にもとづく営利目的の人材ビジネスが労働権保障の観点をどこまで尊重しているか、はなはだ不透明です。

佐藤博樹・大木栄一編著『人材サービス産業の新しい役割――就業機会とキャリアの質向上のために』（有斐閣、二〇一四年）は「労働市場における需給調整の担い手としての人材サービス産業」を強調していますが、労働権保障という視点は見当たりません。人材ビジネスの活用が「労働市場の需給調整機能の高度化」（同二頁）を意味すると言いますが、問われなければならないのは「労働市場の需給調整」で成立する雇用の質です。営利目的の人材ビジネスが参入することで、雇用の質が低下するリスクがあることは二〇〇〇年代半ばの日雇い派遣や偽装請負の増加が示しています。人材ビジネスの問題点およびそれに対する法制度のあり方については、後の章で詳細に取り扱われます。

人材ビジネスが労働市場の需給調整の主役に、公共職業安定所は脇役に転換する政策が推進されるにつれ、公的職業紹介のなかにも人材ビジネスの手法が浸透するようになりました。紹介件数、就職件数、就職率の重視です。行き過ぎた数値目標の追求は、紹介する雇用の質の吟味をあいまいにするおそれがあります。

「はじめに」で強調したように、どのような労働条件であっても職があるほうがないよりもマシだというのは正しくありません。非正規雇用や半失業状態の雇用機会を増やすのではなく、失業時の生活保障をきちんと行ない、まともな雇用につけるような職業訓練の機会を設けることが労働権保障をふまえた雇用政策の基本です。良質な雇用の創出に向けた具体的政策課題についてはⅣ章でくわしく検討します。

＊12　木下秀人「勤労青少年福祉法等『改正』と新ジョブカード制度による労働市場インフラの戦略的強化」労働総研ニュース三〇三号（二〇一五年六月）参照。

6　アベノミクスで雇用と働き方は改善したか

安倍政権は、アベノミクスによって雇用状況が大幅に改善したとさかんに宣伝しています。新規学卒者の就職内定状況は好調です。二〇一六年四月の有効求人倍率は一・三四倍にまで上昇しました。正社員の有効求人倍率は〇・八五倍と一倍を下回ったままですが、それでもリーマンショック後の二〇〇九年当時は〇・二五倍だったことを考えれば、改善基調にあることは確かです。しかし、このことは雇用と働き方が全体として改善されたことを意味するものではありません。その中身は前項までで述べたとおりです。またⅡ章1では「半失業」の視点から明らかにしています。

正社員の有効求人数について、二〇一二年（月次平均）と一五年（同）を比較すると、八三万六一七一人から一〇〇万一五五四人に増えているのに対し、就職件数は逆に七万六六三四件から六万九三一四件へと減少傾向にあります（厚生労働省「職業安定業務統計」）。

この背景には、職種をめぐる求人・求職間のミスマッチと同時に、正社員の求人条件がかつてより厳しくなっていることを見なければなりません。求人票に「正社員」と記載されていても、実際には「月給二〇万円（固定残業代を含む）、定期昇給なし、ボーナスなし」というケースがあります。また、見かけ上は賃金総額が多いものの、長時間残業のため多額の不払い残業が日常化している事例も少なくありません。職場で「正社員」と呼ばれていても、「名ばかり正社員」から長期雇用を想定した正

表Ⅰ-6　実質賃金指数と完全失業率、非正規雇用比率の推移

	実質賃金指数	完全失業率 %	完全失業者 万人	非正規雇用比率 %	非正規雇用比率 逆数の指数
2005年	104.4	4.4	294	32.6	105.2
2006	104.4	4.1	275	33.0	103.9
2007	103.2	3.9	257	33.5	102.4
2008	101.3	4.0	265	34.1	100.6
2009	98.7	5.1	336	33.7	101.8
2010	100.0	5.1	334	34.3	100.0
2011	100.1	4.6	302	35.1	97.7
2012	99.2	4.3	285	35.2	97.4
2013	98.3	4.0	265	36.6	93.7
2014	95.5	3.6	236	37.4	91.7
2015	94.6	3.4	222	37.5	91.5

（注）指数欄は2010年＝100としている。
（出所）実質賃金指数は「毎月勤労統計調査」、その他は「労働力調査」より作成。

社員まで実態はさまざまなタイプに分岐しています。まともな生活ができないような求人条件であれば、いくら「正社員」募集であっても求職者が受け入れることは容易ではないでしょう。

表Ⅰ-6が示すように、完全失業率は二〇一〇年以降改善し、完全失業者も減少しているにもかかわらず、実質賃金指数は低下し続けており、両者は逆方向に動いています。他方、非正規雇用比率の指数と実質賃金指数は逆比例（反比例）の関係にあることがわかります。つまり日本では完全失業率が改善しても実質賃金の上昇には結びつかず、非正規雇用の増加が実質賃金の上昇を抑制していることを示しています。

小泉政権以降、新自由主義的労働政策と人材ビジネスの積極的活用によって、顕在的失業者を非正規雇用に誘導することで、完全失業率を引き下げる政策を積極的に採用してきました。しかも雇

用形態間の均等待遇原則が欠如しているもとで、非正規雇用比率の指数と実質賃金指数が反比例する傾向が顕著に現われるのは当然と言えるでしょう。完全失業率の低下や、有効求人倍率の上昇だけを取り上げて、雇用情勢の好転を結論づけることはできません。

若者にも広がる過労死や精神障がいの多発、「ブラック企業」など、働き方・働かせ方の問題を含めた現状をトータルで表すならば、本書のタイトルの示すように「雇用の劣化」と言うべきでしょう。

Ⅱ章

労働市場に拡がる人材ビジネス

の変化（年平均）

25～34歳	35～44歳	45～54歳	55～64歳	65歳～	
74	35	49	93	60	
102	73	58	161	132	
28	38	9	68	72	（万人）
9.4	5.6	7.4	23.8	60.6	
16.9	9.7	9.4	32.9	71.4	
7.5	4.1	2.0	9.1	10.8	（%）
196	225	273	150	34	
201	325	318	260	102	
5	100	45	110	68	（万人）
36.7	52.6	54.7	57.9	64.2	
42.1	55.4	59.8	68.1	75.6	
5.4	2.8	5.1	10.2	11.4	（%）

1　雇用の多様化と「半失業」の拡大

ここでは、非正規雇用を中心に、中長期にわたる雇用形態の変化と「底の抜けた」労働市場への対策とを検討するための材料を、いくつか提示したいと思います。

非正規の持続的増大

非正規雇用はなおも全体として広がり続けています。二〇〇二年から二〇一四年で、非正規雇用率は男女ともに七ポイントほど増えて、男は二一・八%、女は五六・七%となりました。非正規労働者の総数は男が二〇〇万人増の六三〇万人、女は三一〇万人増えて一三三二万人となっています（労働力調査）。二〇一〇年から二〇一四年の変化をみても、男女とも、非正規率は三ポイント

表Ⅱ-1　2002 → 2014非正規数と非正規率

		年齢計	15〜24歳	15〜24歳 非在学
男	2002年非正規数	431	118	58
	2014年非正規数	630	105	44
	2014－2002	199	－13	－14
	2002年非正規率	15.0	39.1	24.1
	2014年非正規率	21.8	44.3	25.3
	2014－2002	6.8	5.2	1.2
女	2002年非正規数	1021	142	84
	2014年非正規数	1332	126	63
	2014－2002	311	－16	－21
	2002年非正規率	49.3	47.5	35.3
	2014年非正規率	56.7	52.7	36.2
	2014－2002	7.4	5.2	0.9

（出所）「労働力調査」（2002年、2014年）より作成。

ほど上昇しました。若年と女性ばかりでなく、働き盛りの男性についても非正規率の上昇がめだちます。

表Ⅱ-1で年齢別の特徴をながめてみましょう。

①　この一二年間で非正規労働者数および非正規率がもっとも増えているのは、五五歳以上の高年齢層です。五五歳以上での非正規増は、男では非正規増加分全体の約七割、女では約六割を占めています。

五五〜六四歳では非正規数、率、ともに大きく増えていますが、実は、この年齢階層はこの一二年間で人口はほとんどかわっていません。それに対して、六五歳以上では人口が大きく増えたのですが、雇用者の数はその増加割合を上回って増え、さらにそのなかの非正規率も大きく増えたのです。とくに女性では、人口増をはるかに超える割合で雇用者、非正規数がふえました。一般にこの二〇年ほど低所得化が進んで、「家族の多就業化」（現代思想二〇一三年九月号所収の蓑輪明子論文参照）がおきていますが、五五～六四歳、六五歳以上の女性にもそれが顕著にみられます。

② 勤労年齢人口ですが、男性の二五～三四歳は六人に一人、三五～四四歳、四五～五四歳ではほぼ一〇人に一人が非正規であり、家族形成の困難と少子化に拍車がかかる事態となっています。女性は二五～三四歳を除いて非正規率が五割をこえています。男女ともに、将来の低年金者・無年金者の大幅な増大は不可避の状況です。なお、この表にはありませんが、一五～六四歳の非正規かつ単身世帯は、二〇一四年平均で男性七三万人、女性七七万人です（一五～二四歳は非在学のみを計算）。

産業による違いの表面化

図Ⅱ‐1、2を見ると、一五～二四歳（非在学）では、他の年齢階層とやや異なり、男女とも非正規化の長期トレンドが一段落した感があります。

この現象は、近年、非正規化の動向が産業ごとに違いを見せてきたことと関係があるようです。一九九〇年代中葉以来、非正規は、すべての産業、すべての年齢層、男女でほぼのきなみに進行してきましたが、ここにきて産業ごとの条件の違いが顕著になってきました。

表Ⅱ‐2、3（五一頁）は就業構造基本調査を用いて、若年層で非正規率を減らしている産業群と増大させている産業群とを分けて、非正規率の変化をみたものです。**表Ⅱ‐2**（五一頁）では非正規

図Ⅱ-1　年齢階層別　非正規雇用率　年平均　男

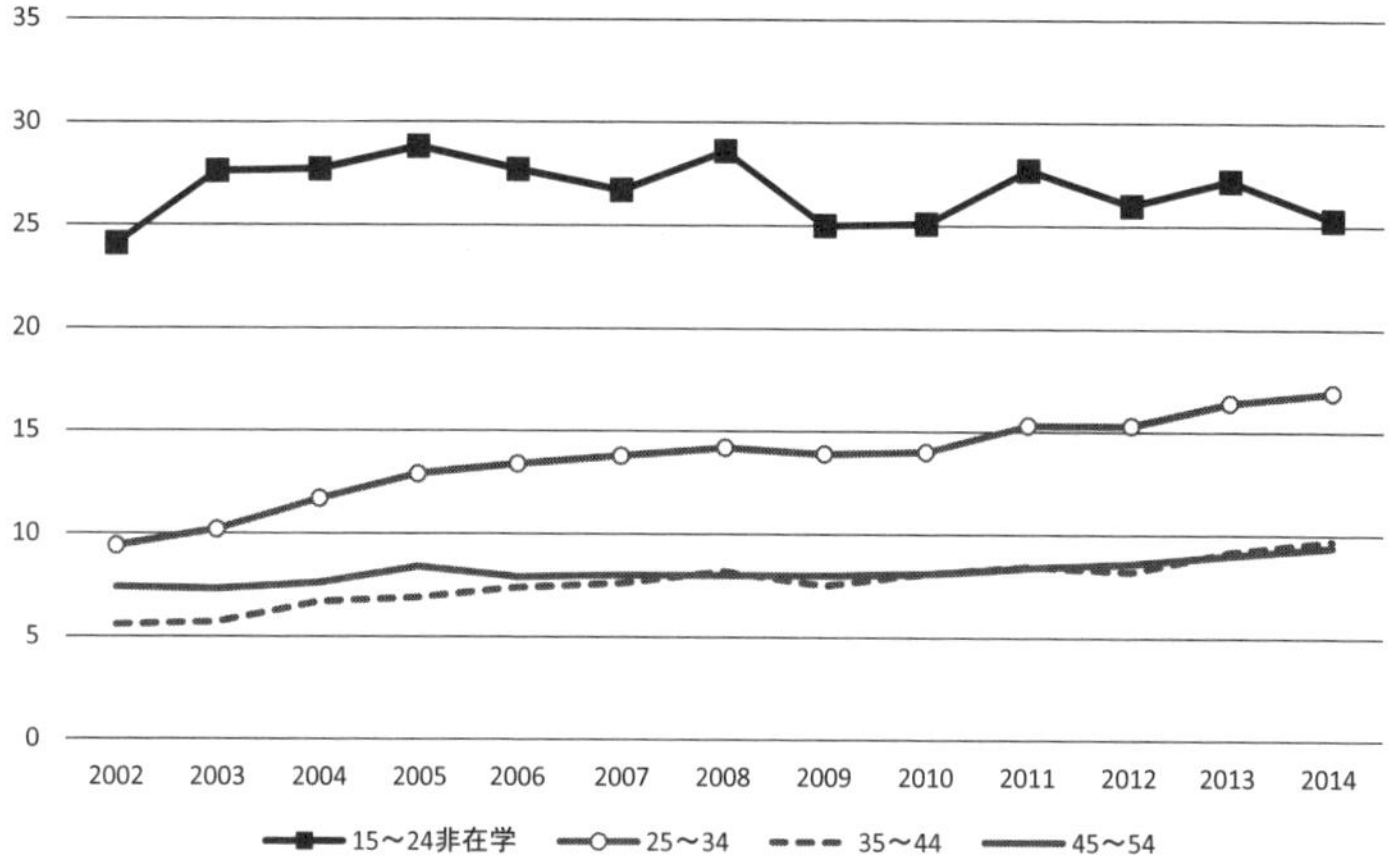

（出所）「労働力調査」（2002年、2014年）より作成。

図Ⅱ-2　年齢階層別　非正規雇用率　年平均　女

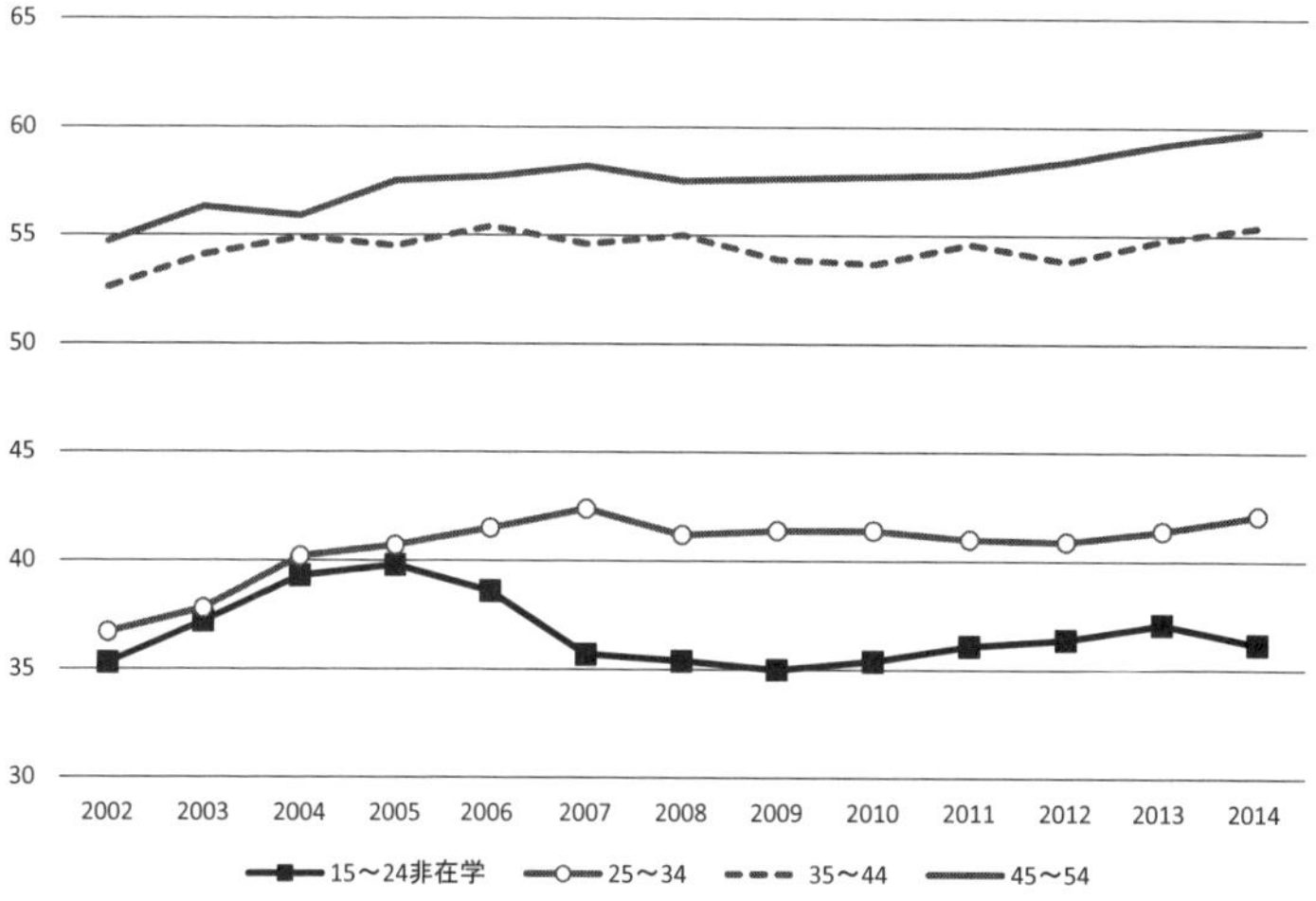

（出所）「労働力調査」（2002年、2014年）より作成。

率が減少した部分を網掛けで示し、**表Ⅱ‐3**は逆に、非正規率が上昇した部分を網掛けで示してあります。

若い世代の非正規率が下がっているのが、製造業を筆頭に、建設業、電気・ガス・熱供給・水道業、卸売業、金融・保険業などで、上がっているのが、小売り業、不動産・物品貸し出し業、宿泊・飲食サービス業、生活関連サービス・娯楽業、サービス業（他に分類されないもの）などです。前者の産業群での非正規率下落が後者の上昇を上回ったため、若年層で非正規率の下げ止まりがおきたのです。

前者の産業群も二〇〇七年までは非正規率が上昇していましたが、男性の場合には、ほぼ一〇％台をこえない水準でした。こうした産業群では、二〇〇七年以降、二五歳未満の年齢層だけではなく、二五～二九歳の年齢階層でも非正規率が下がっている場合が少なくありません。これに対して、後者の産業群はもともと非正規率が大幅に上昇していたものが、二〇〇七年からの五年間でさらに上がっている状態です。

それぞれの産業を中分類、小分類に区分けして、さらに事業所規模を考慮にいれなければ具体的な話にはなりませんが、ごく大まかに言えば、非正規化が進んでいる産業群は、人件費が売上額に占める比重が大きい産業群です。そうした産業群で非正規率が上がっているのは、労働組合の規制力が非常に弱い現状で、人件費圧縮の施策が際限なく進んでいること、また、その一部ですが、とくに小売業やサービス業などで職務内容のマニュアル化が進んで、非正規化が容易になったことなどがあげられます。マニュアル化がむずかしいタイプの対人サービス業でも、強引な非正規化と正規の「使い捨

表Ⅱ-2　正規中心型産業群における若年非正規率の減少

（単位：%）

			建設業	製造業	電気・ガス・熱供給・水道業	情報通信業	卸売業	金融業、保険業
2007	男	20～24歳	19.3	22.2	1.5	20.6	14.4	5.1
		25～29歳	12.8	15.1	1.3	12.4	7.3	4.4
		30～34歳	9.3	11.4	1.0	8.4	4.6	3.9
	女	20～24歳	15.8	40.8	21.4	41.3	22.6	14.4
		25～29歳	29.8	41.5	43.1	34.4	27.9	19.8
		30～34歳	40.8	45.0	28.0	42.3	38.2	33.7
2012	男	20～24歳	16.2	14.9	0.7	21.9	11.8	2.3
		25～29歳	10.6	13.3	6.8	10.3	5.7	2.6
		30～34歳	10.9	12.0	1.4	10.6	5.3	6.4
	女	20～24歳	8.6	30.2	12.7	33.8	25.9	7.9
		25～29歳	26.5	35.3	14.7	28.6	23.1	11.2
		30～34歳	34.8	45.7	26.9	37.2	33.3	27.7

（注）網掛け部分は2012で非正規率が減ったことを示す

表Ⅱ-3　非正規中心型産業群における若年非正規率の増加

（単位：%）

			運輸業、郵便業	小売業	不動産業、物品賃貸業	宿泊業、飲食サービス業	生活関連サービス業、娯楽業	教育、学習支援業	サービス業（他に分類されないもの）
2007	男	20～24歳	33.3	64.1	48.7	79.9	55.2	79.6	36.0
		25～29歳	25.0	27.3	14.9	34.7	28.9	34.8	24.8
		30～34歳	15.9	15.1	7.1	17.9	18.9	18.7	15.4
	女	20～24歳	43.0	66.1	45.7	81.7	51.7	44.1	48.6
		25～29歳	57.1	58.3	33.4	71.3	45.4	41.6	49.5
		30～34歳	54.9	68.4	40.3	81.5	58.3	39.3	56.3
2012	男	20～24歳	36.2	72.3	53.0	85.8	66.6	74.4	39.1
		25～29歳	22.4	39.1	20.3	45.3	36.7	38.4	30.3
		30～34歳	17.8	22.2	15.3	28.3	25.7	21.6	22.7
	女	20～24歳	43.1	70.6	42.6	85.5	55.2	53.2	62.6
		25～29歳	45.7	60.8	39.6	73.9	50.3	35.4	57.1
		30～34歳	57.5	67.6	44.0	78.5	59.9	42.9	63.2

（注）網掛け部分は2012で非正規率が増えたことを示す
（表Ⅱ-3、4ともに、2007年の数字は2012年と比較するために、第12回産業分類による特別集計を用いた）

て」化が進んでいる場合もあります。

これに対して若年層の非正規化が逆転しはじめた産業群は、マニュアル化が簡単ではない、つまり、ある程度の時間をかけた熟練が必要な仕事が多い産業群、および、マニュアル化ができても募集・訓練・労務管理の面から非正規化に限界がある産業、グローバル市場のなかで有利な位置を確保するために高度技能をもつ労働者の確保が以前よりも重要になっている産業などが考えられます。二〇〇七年が境目となっているのは、団塊の世代のリタイアで、熟練労働者の不足と仕事内容の継承の必要感が拡大したことも関係がありそうです。

なお、この二つの産業群のほかに、男女別、年齢階層別、産業中分類ごとに非正規率が複合的な動きをしている情報・通信業、医療・福祉業、複合的サービス業などがあります。

日本の労働市場はいわば「底が抜けた」低規制、経営独裁状態であり、そこに歯止めを掛ける総合的な努力が求められますが、そのための労働市場規制の再整備、および、労働組合の力の回復による労使対等の実現を展望するうえで、あらためて、産業ごとに、労働のあり方、熟練形成のあり方、仕事内容への労働者の積極的関与の余地、業界全体に網を掛ける処遇規制などについて、注目する必要があると思われます。

低処遇・使い捨て正規

非正規率が上昇している産業群でも、低い割合で正規雇用の若者がいます。こうした産業群では、長期雇用による熟練形成を期待せず、「正規」で雇うのは際限のない労働への献身を経営側が期待するから、という状況になる可能性が少なくないと思われます。労働組合の対抗力がなければ、「正規のほうが労務コストが低い」状態もおこります。「ブラック企業」がはびこりやすい環境です。

旧来の日本型雇用でも長時間労働と過労死が大規模におきていましたが、それは必ずしも「使い捨て」を当然としたものではありませんでした。しかし、近年の長時間・高ストレス労働には、「労務戦略としての使い捨て」を背景としたものが少なくないようです。**表Ⅱ-4**（五五頁）は、産業大分類別に週六五時間以上働く労働者の割合を年齢別に示したものです。**表Ⅱ-2**、**3**での大まかな分類と対応していることがわかります。

また、二〇〇七年と二〇一二年の間に、若い長時間労働者の賃金に大きな変化がおきています。**図Ⅱ-3**（五五頁）は、週に六五時間以上働いている一五〜二四歳の男性労働者の処遇が、二〇一二年では四九〜五九時間働いている場合よりも低くなったことを示しています。これは、基本給と時間外手当という旧来の賃金枠組みが適用されない、つまり、労働時間に応じた賃金という原則がくずれていれば生じておかしくない現象ですし、あるいは、低処遇の産業に六五時間以上労働が新たに集中しても起きる現象です。おそらく、この二つはダブッて生じている可能性があると思われます。

正規雇用の多様化の全体的理解はⅠ章をみていただきたいと思いますが、週六五時間以上就業の若者の相当部分は、実際上、これまでの日本型雇用タイプの正規雇用とは違う雇用形態と考えて間違いないでしょう。

同時に、こうした変化は最低賃金法違反が普通という状態を作り出しました。週六五時間働く場合、時間外の割増を一・二五倍、年間五〇週就業として計算すると、時間あたり最低賃金額が七〇二円で給与は二五〇万円となります。つまり、最賃額が七〇二円以上の都道府県では、六五時間以上・二五〇万円未満の雇用は最低賃金法違反ということです。

ところで、最賃額七〇二円以上の地域で働く正規雇用男性の割合は、二〇〇七年一〇月現在で二五%、二〇一二年一〇月現在が六三%となります。就業構造基本調査によれば、二〇一二年では六五時間就業以上の男正規・一五~二四歳の五〇%は二五〇万円未満ですから（二〇〇七年は四〇%）、低処遇そのものが増えたことと、最賃額が変化したことがあいまって、もっとも低く見積もっても法違反が三割以上（〇・五×〇・六三）になっているわけです。

少なくとも最低賃金額を守らせること、および、大幅に最低賃金額を上げて、労働者自身が安定して暮らせる状態を確保することは、労働のマニュアル化が比較的容易で、非正規化と使い捨て正規化が広がっている産業群への社会的規制として、きわめて大きな位置をもつようになっていると思われます。

なお、最低賃金額・フルタイムでの賃金額は、直接税と社会保険料、勤労必要経費を控除した後で、単身者の最低生計費の数割増しになっている必要があります。たとえば失業、傷病による非勤労時の社会保険給付は、通常時の数割減となりますが、その額が、単身者の最低生計費になっていないとおかしいからです。老齢年金を考えてもこのことはあてはまります。その場合、通常の勤労時には最低

表Ⅱ-4　週65時間以上就業の雇用者の割合

	男				女			
	年齢計	15～24歳	25～34歳	35～44歳	年齢計	15～24歳	25～34歳	35～44歳
産業大分類計	7.4	4.6	9.1	9.4	2.1	2.4	2.2	1.5
建設業	7.4	7.2	12.3	10.9	0.9	3.5	2.0	0.8
製造業	3.9	3.3	4.1	4.7	1.0	1.7	1.4	0.6
電気・ガス・熱供給・水道業	1.4	—	—	1.5	—	—	—	—
情報通信業	5.3	2.6	6.1	6.2	3.2	6.4	3.6	2.9
運輸業，郵便業	13.2	7.0	14.1	18.3	1.7	6.4	1.3	1.8
卸売業，小売業	10.1	5.5	11.3	11.1	2.5	1.0	1.3	1.4
金融業，保険業	6.1	2.7	9.0	8.3	1.3	0.7	1.5	1.3
不動産業，物品賃貸業	6.9	4.0	13.7	12.4	1.9	-	0.8	0.9
学術研究，専門・技術サービス業	7.2	4.0	9.6	8.7	2.5	5.5	2.7	3.0
宿泊業，飲食サービス業	17.1	3.8	22.1	24.1	3.4	1.3	2.8	2.0
生活関連サービス業，娯楽業	10.2	8.8	12.6	10.9	3.5	4.9	4.2	2.2
教育，学習支援業	9.1	2.9	14.4	13.6	3.4	5.7	5.5	3.1
医療，福祉	6.1	2.4	6.0	7.6	1.2	2.0	1.8	0.9
複合サービス事業	2.2	1.7	1.2	2.5	0.4			0.4
サービス業（他に分類されないもの）	5.8	4.0	8.0	8.0	1.6	1.9	1.6	1.0
公務（他に分類されるものを除く）	5.8	9.7	8.4	7.1	2.2	11.5	1.8	1.3

（注）各産業大分類で、産業大分類計の平均値をこえている部分を網掛けで示した。
（出所）「就業構造基本調査」（2012年）より作成。

図Ⅱ-3　15～24歳　男　正規雇用　就業時間別年収分布

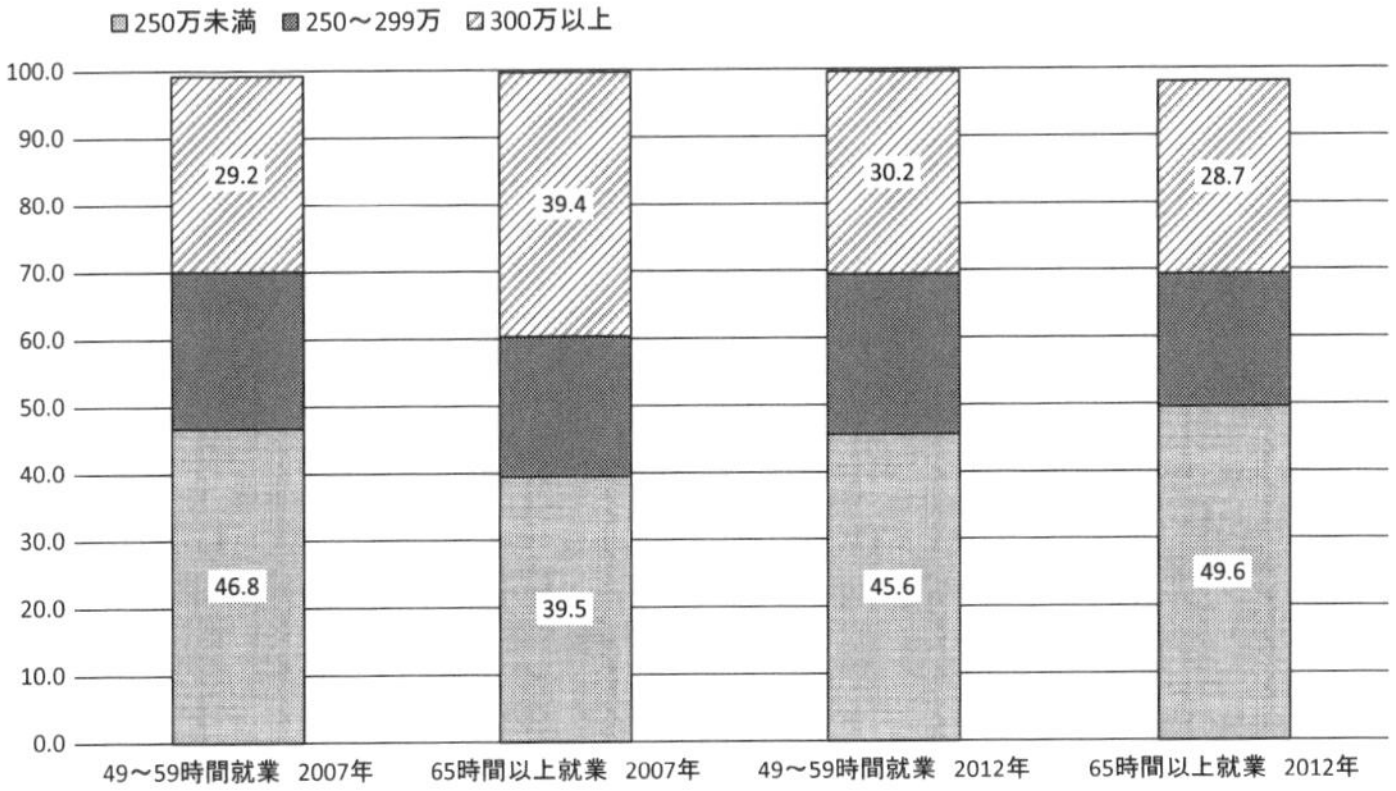

（出所）「就業構造基本調査」（2007年、2012年）より作成。

生計費と比較して若干の余裕が生まれることになり、貯蓄、社会的交際、教養費、娯楽などに用いることが可能となりますから、家族形成の準備、標準的な生活への接近が可能となります。

「半失業」と「潜在的失業」

日本の失業率は欧米に比べて低いと考えられてきましたが、「半失業」と「潜在的失業」をくわえた「広義の失業」で測ると、日本はすでにヨーロッパ並みになっています。「半失業」とは、無収入をさけるために当座の不満足な仕事につきながら、生活可能で、かつ、働き続けることができる職を希望（あるいは希望・求職）している状態です。「潜在的失業」は、無業で就業を希望しているものの、求職活動の意欲をそがれたり、あるいは、良い仕事が出てきそうな時期をまって、求職活動を休んでいる状態です。厳密な意味の失業者（無業・求職中・すぐに仕事に就ける）だけでなく、半失業者や潜在的失業者も、実際には労働市場に係わっていると見ることができます。

求職者（潜在的失業者をふくめて）が労働市場にあふれているときには、労働条件が下がりますし、そうした求職者が困窮しているときにはいっそうその下げ幅は大きくなるでしょう。したがって、広義の失業の量と求職者の困窮の程度は、労働市場の状態を改善するうえで重要な指標となります。

半失業についてですが、日本では、非正規と正規の間の均等待遇、および、最低賃金による最低生活の可能、という環境は実現していません。そのため、ヨーロッパ諸国のように、半失業はフルタイムを希望しているのに短時間でしか働けない人びとを念頭におけばよい、というわけにはいきません。

フルタイムでも最低生活費に達しない場合がごく普通にあるからです。日本の場合には、労働時間の不足というよりは端的に賃金の不足を理由として、転職あるいは追加就業を希望（希望・求職）する人びとが、半失業者の主な部分です。

くわえて、労働時間規制がたいへん弱いため、すでにふれたようにたいへんな長時間労働が蔓延しています。そのため、労働時間が長すぎて働き続けることに困難を感じている労働者がきわめて多いのが日本の特徴です。そのため、賃金不足とならんで、労働時間を減らしたいための転職希望（転職希望・求職）も、主として男の正規雇用にはたくさんいます。

半失業は、生活困難のための半失業と持続困難のための半失業の両者からなっているわけですが、就業構造基本調査を使って筆者が試算したところでは、求職活動をしている半失業者だけで三七二万人を数え、無業で仕事を探して求職活動している人（≒失業者）の約二九〇万人を大きく上回ります（二〇一二年）。

重要なことは、日本の雇用保険が度重なる制度改悪によって、失業者のうちでその給付を受けている人の割合が二〇〇〇年代には二割強と、非常に小さなものとなっていることです。失業者の困窮の程度が激しくならざるをえないため、低い条件でも当座の職に就かざるをえない人がふえ、またそうした人びとが、当座の職でえられる賃金は低いものとなる可能性が高いですから、結局、半失業者が増えることが予想されます。実際、失業者にくらべて半失業者のほうが多い、というのが日本の特徴であり、他の先進諸国と大きく違う点です。言い換えると、日本は「失業でいられる」権利がきわめて弱く、そのため、半失業状態におかれる人が多いのです。

実際、無業で求職中の男性がいる二人以上世帯のうち、世帯収入が二〇〇万円未満の世帯の割合は、一九九七年の一一・二%が二〇一二年には二一・四%になりました。また、非正規の転職希望・求職および追加就業希望・求職者で年収が二五〇万円未満の人は、一九九七年の一五七万人が二〇一二年には二一八万人となりました。なお、半失業の定義とその推計、失業時生活保障の再建のための制度提案等については、後藤道夫・布川日佐史・福祉国家構想研究会編著『失業・半失業者が暮らせる制度の構築――雇用崩壊からの脱却』(大月書店、二〇一三年)を参照して下さい。

非正規が労働市場にしめる比重

求職、就職、離職などにおける非正規関連の割合は、就業者数でみた非正規割合よりも、ずっと高い値を示します。非正規雇用が不安定で、労働市場に顔を出す場面が正規雇用よりもはるかに多いからです。

図Ⅱ-4をみると、有業者における非正規率はこの二〇年間で一六ポイント上昇して三二%になっているのに対し、一年間の転職者、あるいは新規就業者における現非正規職の比率は二〇ポイントから三〇ポイントの急増で、現在は六〇%前後になっています。

求職中の人をみても、一年以内の離職・無業・求職者のうちの前職非正規の割合は、この一〇年間で一〇ポイント増えて五八%となり、転職希望あるいは追加就業希望で求職中の人のうちの現職非正

図Ⅱ-4　労働市場における非正規の比重の増大

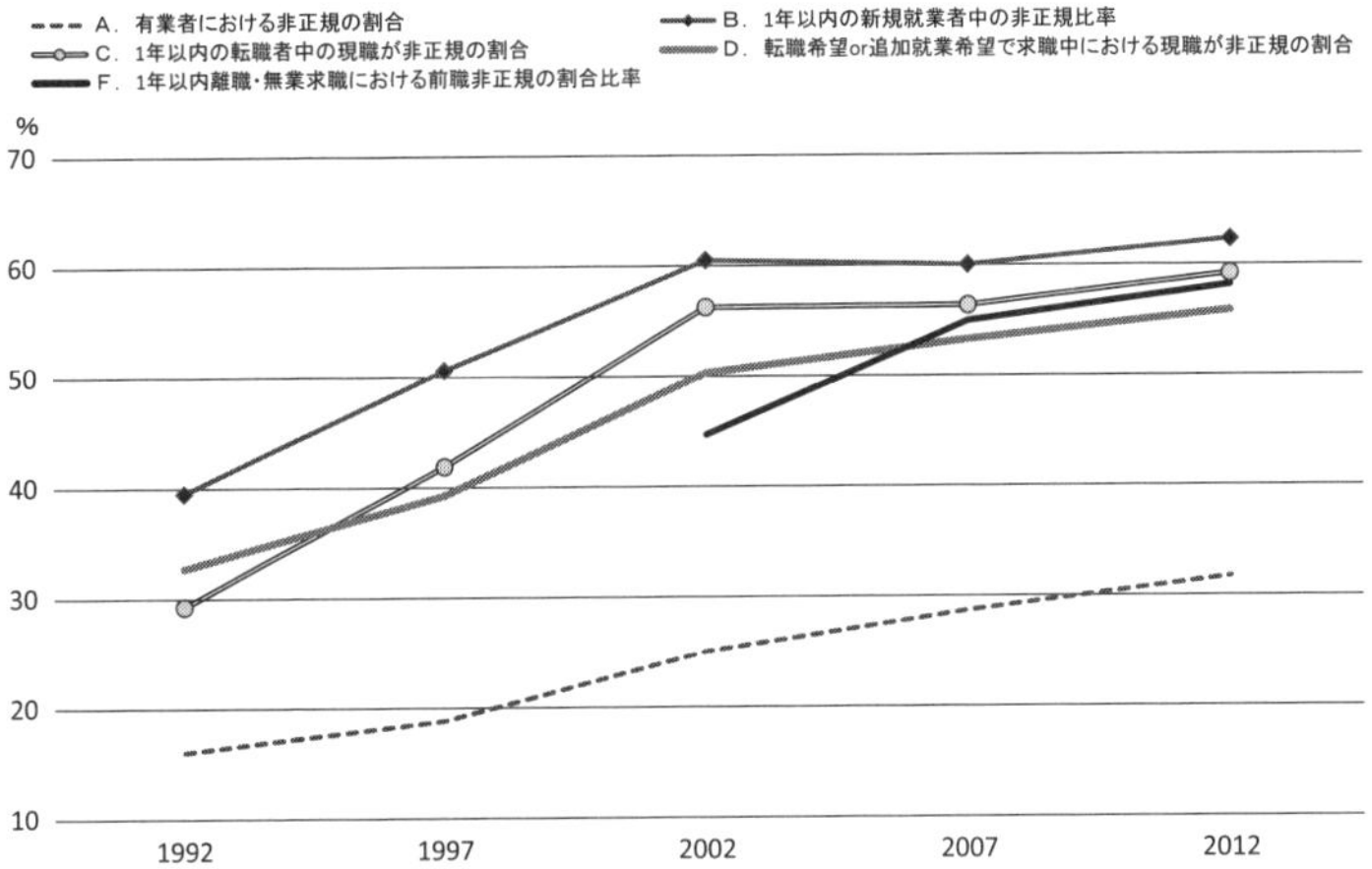

（出所）「就業構造基本調査」（各年）より作成。

規の割合はこの二〇年で、二三ポイント増えて五六%になりました。

このように、失業者でも半失業者でも、前職あるいは現職が非正規である人の割合は、六割近くになっているのです。ところで、この数字は、労働市場に現れる人の多くが、この二〇年ほどで、急激に困窮度を高めていることを示しています。失業者、半失業の本格的な生活保障は焦眉の課題です。

2　人材ビジネスの「活用」政策の拡がり

政府はこの間、労働者がひとつの企業で長期間働くのではなく離転職を繰り返し、その労働移動に人材ビジネスが介在する社会への転換を強力に推し進め、その企画立案の場として、主に産業競争力会議を活用してきました。

二〇一三年六月に閣議決定された「日本再興戦

略」は、安定所の求人・求職情報の人材ビジネスへのオンライン提供や、希望する求職者に対し人材ビジネスに誘導すること、カウンセリングの民間委託や紹介予定派遣を活用した若年者の就職支援など、人材ビジネスをさらに活用することを決定しました。

二〇一四年六月の改訂では、「官民協働による外部労働市場のマッチング機能の強化」として、安定所ごとのパフォーマンスを比較・公表することや、人材ビジネスの適切な評価と積極活用が、二〇一五年六月の改訂では、職業能力開発分野で重大な転換が打ち出されています。

これらの政府決定が相次いで具体化され、安定所の業務は人材ビジネス「活用」の名のもとで大きく変容させられています。

人材ビジネスへの誘導

二〇一三年一一月から、全国の安定所に有料職業紹介事業者と労働者派遣事業者のチラシ〔宣伝用〕が置かれるようになっています。安定所が人材ビジネスの意向を把握し、希望があればA４表裏のチラシの送付を受け、それをファイリングして求職者が閲覧できるようにしています。求職者から希望があれば、コピーを手交するしくみです。安定所庁舎内のほか、各労働局ホームページにも同じ情報が掲載されています。約四〇〇〇事業所が利用しています。

事業開始からおよそ二年半が経過しますが、求職者からの積極的な希望は、ほぼありません。それどころか、ファイルを見た求職者から、「安定所の相談や紹介を受けるために来ているのに、このような誘導は納得できない」などの苦情が寄せられています。

安定所が求職者に対し提供している求人情報や事業所情報は、安定所職員が事業主と相談し、安定所がその内容を確認して提供する情報です。しかし、人材ビジネスのチラシは、送られたチラシの内容を、安定所がなんら関与することなく提供しているものであることも大きな特徴です。このようなチラシを収集し、ファイリングして、随時更新するメンテナンスの作業は少なくない業務量をともないます。それを職業相談等の基本業務に振り向けることこそ本来の姿です。

人材ビジネスへの求人情報オンライン提供

「日本再興戦略」にもとづき、二〇一四年九月から求人情報の地方自治体や有料職業紹介事業者へのオンライン提供が実施されています。これは、安定所の保有する求人情報はいわば公共財であり、自治体や人材ビジネスの実施する職業紹介事業でも活用することにより、全体として「マッチング機能」を高める目的で開始されました。しかし、そうした目的とは異なる「活用」が強く懸念されました。

まず、有料職業紹介事業者の多くは、労働者派遣事業を行なっているか、系列に労働者派遣事業者を有しており、求人情報は事実上労働者派遣事業者にも提供されることとなります。安定所の職員は、求人事業主に対し正社員（無期雇用）求人で、かつ少しでも高い処遇での募集を働きかけます。それは、求職者の意向であると同時に、より良い条件での求人は、必要な能力・経験を備えた求職者の応募可能性を高め、結果として企業の発展に結びつくからです。

一方、多くの派遣事業者は、総額人件費の抑制や雇用調整の容易さを訴え、派遣労働の活用を求人事業主に働きかけています。こうしたことから、求人情報の提供は、派遣事業主への営業先リストの提供となりかねません。すでにこのような派遣事業者による働きかけによって正社員求人から派遣求人への置き換えが生じており、施策の目的として掲げるマッチング機能の向上とはまったく異なり、雇用と労働条件の劣化を加速させかねません。

ところで、求人情報を自治体に提供するかあるいは人材ビジネス事業者に提供するかは、求人事業主が決定します。「自治体、人材ビジネスともに提供」、「自治体のみに提供」、「人材ビジネスのみに提供」、「どちらにも提供しない」のいずれかを、求人事業主が選択するのです。

当初、「自治体、人材ビジネスともに提供」、「自治体のみに提供」、「どちらにも提供しない」はそれぞれ約三割、未記入が約一割であるのに対し、「人材ビジネスのみに提供」はほとんどありませんでした。

一方、自治体への提供希望が一定数あることは、注意深く考える必要があります。自治体の職業紹介事業が直接自治体職員によって行なわれていることは、小規模な事業以外ではあまり見られず、都市部では、その多くが人材ビジネスへの委託で行なわれており、派遣求人への置き換えへの可能性は、自治体に対する求人情報提供でもなんら変わりません。この点がほとんど知られていないことが、両者の割合の差となって現れているようです。

求人情報のオンライン提供は、安定所と同じ端末を購入し、リアルタイムで情報が更新される方式と、汎用パソコンで一日一回更新されるデータをダウンロードする方式で開始されました。専用端末は価格が高く初期費用がかかるため、データ提供方式が中心でした。二〇一五年一〇月からは、汎用パソコンでもリアルタイム更新が受けられるサービスが開始されたため、今後はこの方式が主流になると考えられます。

求人情報オンライン提供は、業務運営でも大きな負担をもたらしています。制度内容の説明、確認書類の記載・受領には相当の時間を要するため、本来の業務である求人条件の詳細な確認やわかりやすい求人票の記載に充てるべき時間の確保が困難になっています。

求職情報のオンライン提供

求人情報のみならず、求職情報の人材ビジネスや自治体へのオンライン提供が、二〇一六年三月二二日より実施されています。

二〇一三年の「日本再興戦略」は、求職情報の人材ビジネスへの提供について、ニーズ調査を行ない、その結果にもとづいて実施に移すよう求めました。求職情報は秘匿性の高い個人情報であり、オンライン提供によって個人情報が流出したり転用されることがあれば、重大な権利侵害が生じかねません。

たとえば、求職情報とは失業中であり無収入であることの情報なので、サラ金などからの勧誘が寄せられることも考えられます。また、求職情報には氏名、住所、生年月日、電話番号などが含まれているため、ストーカーなどの犯罪行為も誘発しかねません。そうしたことから、求職情報の提供は実施すべきではないでしょう。

この点で厚生労働省は、二〇一三年秋に求職者と人材ビジネスに対しニーズ調査を実施しました。その結果、人材ビジネス事業者の三分の二が賛成し、求職者においても全部または一部の情報を公開しても良いとする回答が三分の二を占めました。求職者みずからが危険をともなう情報提供を容認していることは意外な結果ですが、そこにはいくつかの原因が考えられます。

アンケートでは、求職情報の提供にともなうリスクをほとんど説明していないため、多くの求職者は、その点を意識することなく回答したと考えられます。また、安定行政が「実施する方向で検討しているがどのように考えるか」を尋ねるもので、行政機関がやることなのでといった安心感もあったでしょう。さらに求職者の置かれる厳しい状況も忘れてはなりません。数字上の有効求人倍率は高いものの、職種には大きな偏りがあり、非正規求人の割合も高く、賃金等の条件も総じて良くありません。再就職が厳しいなかで可能性が高まるなら、藁をもすがる思いで「希望する」と回答した人も少なくなかったと思われます。

このアンケート結果は、施策の実施を決定づけ、厚生労働省は二〇一四年三月、実施に向けた案を労働政策審議会職業安定分科会に示し、二〇一五年八月の分科会で実施が確認されました。その後システム構築が行なわれ、二〇一六年三月二二日より提供が開始されています。

求職情報の提供は、希望する求職者がネット上に設置された「求職情報提供サイト」に個人が特定されない範囲で求職者情報を登録し、人材ビジネス業者からサイト内にメールが送られ、その条件に求職者が納得した場合に求職登録をし、そこではじめて個人情報が提供されるというものです。

この方式は、個人情報保護に一定配慮したものですが、求職者の理解不足などから権利侵害が生じるリスクは払拭されていません。人材ビジネス業者の数は膨大であり、個々の求職者が、送られるメールやネット上の情報のみで、当該業者が信頼に足りるところかどうかを判断することは決して容易ではありません。しかも求職者が登録を行なった業者が、すみやかに適格紹介を実施する保障はどこにもありません。それどころか、「スキルアップ」を求職者に求め、セミナー講習などの有料サービスに誘導することも考えられます。求職者が、みずからの判断で何社の人材ビジネス業者に登録するかは自由です。

メールを送ってくる人材ビジネス業者に次々と求職登録すれば、これまで述べたようなリスクがさらに高まることとなりますが、そのリスクが求職者にどこまで理解されているかはわかりません。

厚生労働省は、求職情報提供にかかる実施要領や、民間職業紹介事業者用、地方自治体用、求職者用それぞれの利用規約を定めています。そこでは、①求職情報の取得はみずからが行なう職業紹介に案内することのみを目的とする、②求職者の意に反した営業活動をいっさい行なわない、③求職者の同意を得ずに求職情報を第三者に提供しない、④求職情報を一定条件のもとに削除・廃棄する、⑤取り扱っている求人に関する情報や手数料等の情報を必須情報として送信するなどのルールを定めています。

こうした求職者保護の枠組みは当然必要なことですが、その効果には疑問があります。たとえば、求職者の同意とか、意に反した営業を行なわないというのは、再就職の困難さを強調して不安を煽り、各種有料サービス利用の必要性を意識づける行為に対し、なんの歯止めもありません。

求職情報を削除・廃棄すると言いますが、人材ビジネス業者がどのように求職情報を保管し、どこと共有され、どこにコピーされたかを追跡したり、その記録すべてが削除されたかを確認する方法などまったくありません。一度流出した情報は消すことができないことに目をつぶった対策としか言いようがありません。

求人情報のオンライン提供と同様に、求職者は、自治体や人材ビジネスに対して求職情報を提供するかどうかの選択を求められることになります。求人情報の提供では、求人事業主は求人申し込み時点でどの範囲に提供するか、あるいは提供しないかの判断を行ないます。しかし求職情報はその秘匿性の高さと流出時の危険性は求人情報の比ではなく、しかもたびたび求人を提出する事業主と違って、安定所利用に不慣れな求職者が多数存在します。

したがって、求職受理時には制度概要を説明するパンフレットの手交にとどめ、二回目以降の相談時に、希望する求職者に詳細説明を行なうなど、慎重に運用する必要があります。

マッチング機能の強化

「日本再興戦略二〇一四」では、「ハローワークの機能強化のため、各所ごとのパフォーマンスの比較・公表、意欲を持って取り組む職員が評価される仕組みの構築について……二〇一五年度から実施する」とされました。

そもそも、「マッチング機能」をことさら重視することには問題があります。職業相談業務は、求人と求職の結合（マッチング）のみを行なっているのではありません。適格紹介の原則（職安法五条の七）により、求職者の職業選択の自由や勤労権を保障するとともに、経済面や健康面などに課題を抱える求職者に対しては、関係機関につなぐなど生存権を確保しています。このように安定所の役割は、憲法が定める人権保障であり、「何件就職させたか」を競うような浅薄なものではありません。

しかしながら、二〇一五年四月より、ＰＤＣＡサイクルによる安定所ごとの評価が実施されています。就職者数、求人充足数、雇用保険受給者の早期再就職件数の三つを主要指標とし、満足度調査や紹介成功率を補助指標に、これに各安定所の重点指標や重点項目を加えてポイント化し、安定所ごとの比較を行なうというものです。

安定所の職業紹介では、これらの数値を上げることは簡単です。応募者が少なく、採用されても長続きしない求人に、次から次へと紹介すれば、紹介件数や充足数はすぐに上がります。実際、そうした求人への応募を申し出る求職者は少なくありません。その時、安定所職員は紹介状を発行するのではなく、求人選択の理由や希望条件を聞きながら、少しでも希望条件に近く、定着可能性の高い求人を一緒に探して選択します。このようなていねいな相談は、数値を上げることには逆行します。数値のみを追求する姿勢よりも求職者に寄り添ったものであることを心がけることは当然のことです。政府の進めるマッチング機能強化は、職業紹介業務の本質を置き去りにした施策です。

実際、二〇一五年一月二三日に開かれた労政審職安分科会では「ハローワークのマッチング機能に関する業務の評価・改善の取組」が審議され、「総合評価というのが唯一絶対の評価軸にならないように」（公益委員）、「成果が第一であるような使い方はなされない方が良い」（分科会長）との指摘が相次ぎました。今後二〇一五年度の評価が行なわれますが、年度当初の時点では評価結果が出ていないことから、二〇一六年度も同様の施策が実施されています。

マッチング機能の強化では、数値目標の追求と同時に、「意欲を持って取り組む職員が評価される仕組みの構築」を求めています。ここで言う意欲を持って取り組む職員とは、キャリア・コンサルタント資格を取得する職員のことを指します。二〇一五年度からは、職員の人事評価項目にキャリア・コンサルタント資格を盛り込みました。心理学や関係法令を学び、カウンセリング等の演習を重ねて資格を取得することは、意味のあることでしょう。

しかし、キャリア・コンサルタント資格を絶対視し、資格偏重の行政運営に転換することは大きな問題があります。職業相談では、求職者の置かれた状況や地域の労働事情など、きわめて多様な課題のなかから、最適な職業紹介や職業能力開発の方向性を見いだし、時には生活支援などもアドバイスします。相談のなかで把握した問題によっては、労働基準行政や雇用均等行政とも連携し、事業主指導にも結びつけます。

このような多様で奥の深い業務は、キャリア・コンサルティングの範疇に収まるものではありません。業務の経験を積み重ねながら質の向上をはかっているのが職業相談であり、資格を取れば劇的に質が良くなるようなものでは決してありません。

職業紹介業務のオンライン化

二〇一三年六月の「日本再興戦略」は、求人・求職情報のオンライン提供など、多くの事項を今後の検討事項に掲げました。そして産業競争力会議に「雇用・人材分科会」が設置され、検討事項の具体化が議論されました。厚生労働省は見直し方向を示す必要に迫られ、二〇一四年三月一八日の分科会に田村憲久厚生労働大臣（当時）名による「外部労働市場の活性化について」と題した資料が提示されました。そのなかに「ITの利活用の推進（システムを活用した業務フローの改善・将来的には、ハローワークに来所せずとも、職探しができる環境の整備……）」との記述があります。

二〇一四年四月には、IT化による行政のスリム化を目的とし、厚生労働大臣も参加する「eガバメント閣僚会議」が設置されました。二〇一五年四月には、その下に「国・地方IT化・BPR推進チーム」が設置され、同年六月に「第一次報告書」、二〇一六年四月には「第二次報告書」がとりまとめられました。そこでは、二〇一九年度のシステム改修にあわせて「現在、原則来所が前提となっている求職登録、求人申込み、職業紹介のサービスをオンライン化する」とし、職業相談業務に使用する機器の一つであるＯＣＲの削減目標を八〇％減としました。これをもとに、厚生労働省はシステム構築を検討しています。

現在の安定所では多くの求人検索端末が設置され、求職者はその端末を使ってみずから検索し、応募希望の求人を選択しています。しかし窓口では求職者が自主的に選択した求人をそのまま紹介するわけではありません。求人企業の特徴などを伝えて、求職者とともに再検討することは日常的です。能力が高く経験豊富な求職者が、当該職種では低賃金の求人しかなく、やむをえずその求人を選択していれば、安定所職員が求人事業主に求職者の特性を伝え賃金引き上げを要請することもあります。求人賃金に幅があれば、職員が求人事業主に連絡し賃金額の目安を確認します。

これらを求職者みずから行なうことはきわめて困難です。事業主にとっても、事実上の予備選考を安定所が行なうことに大きな期待と安心があります。求人条件と実際の労働条件が異なる「偽装求人」が社会問題となっており、求人受理時には「固定残業代」など、求人条件の明確化の聞き取りをていねいに行なっていますが、オンライン化すればそれもできなくなります。

二次にわたる「報告書」では、安定所は「真に支援が必要な利用者」への支援の充実が強調されていますが、裏を返せば、安定所は求職者をオンライン求職活動や人材ビジネス活用に誘導することになりかねません。

民間活用によるキャリア・コンサルティング

二〇一四年度から職業訓練受講予定者を対象としたキャリア・コンサルティングの人材ビジネスへの委託が、都市部で実施されてきました。「日本再興戦略二〇一四」によって、二〇一五年度からこの事業をすべての安定所において、常駐または巡回によって実施されています。

職業訓練の受講指示やあっせんは、職業相談と一体で行なってきました。産業競争力会議では、キャリア・コンサルティングは民間業者が「得意とする分野」であり、そこだけを切り分けて人材ビジネス業者に委託することが強く求められたことによるものです。

しかし、このような切り分けには無理があります。職業相談の過程で職業訓練の受講希望を固めた求職者にとって、そこからさらにキャリア・コンサルティングを受けるニーズはありません。キャリア・コンサルティングは職業相談のなかで、すでに事実上行なわれてきているからです。にもかかわらず、全国すべての安定所での実施が求められたのです。

人材ビジネスへの委託事業であるために、派遣法違反を避けるため、職員の指揮命令を受けないように、狭隘な庁舎内にわざわざ受託事業者の専用スペースを確保しました。受託事業者の業務運営に問題があっても、安定所職員はキャリア・コンサルタントに直接指導することができず、受託事業者に問題点を指摘し、事業主からキャリア・コンサルタントを指導する、きわめて非効率な流れとなっています。

そのうえ、利用が極端に少ないのが実態です。安定所がどれだけ混雑していても、民間のキャリア・コンサルタントはそれ以外の業務を委託されていないので、ただ座っているしかありません。安定所を訪れる求職者や事業主はそうした事情を知らされていないので、〝なぜ仕事をしない職員がいるのか?〟といった苦情も寄せられています。民間のキャリア・コンサルタントの多くは、公的機関のなかで求職者の役に立ちたいとの前向きな気持ちを持って仕事をしているため、彼らにとっても気の毒な状況です。そのため、短期間に次々とキャリア・コンサルタントが入れ替わるなどの問題も顕在化しています。

あわせて指摘しなければならないのは、二〇一五年四月には、この事業の全国展開と同時に、全国で二〇〇〇人を超える非常勤職員の削減が実施されたことです。安定所の非常勤職員は一年契約で、毎年毎年雇用が継続されるかに不安を抱えながらも、求職者の権利擁護のため第一線で活躍し、キャリア・コンサルタントや産業カウンセラーなどの資格所持者も多数を占めます。職業相談をキャリア・カウンセリングも取り入れて総合的に実施できる非常勤職員を雇止めにして、一部業務しか行なえない民間委託を導入したことは、行政運営を混乱させ、多くの非常勤職員の生活を破壊しただけであったのではないでしょうか。

助成金を使った〝リストラ指南〟

人材ビジネスの活用促進は、国の助成金によっても行なわれています。二〇一三年の「日本再興戦略」は、「行き過ぎた雇用維持型から労働移動支援型への政策転換」として、労働移動支援助成金の抜本的拡充を求めました。これは、企業が事業規模の縮小等によって労働者を解雇や退職勧奨等によって離職させる際、それらの労働者の再就職支援を人材ビジネスに委託する場合、委託費の一部を助成するものです。

「日本再興戦略二〇一五」では、中小企業を対象としていた制度を大企業に拡大するほか、離職者を生じさせる企業が人材ビジネス業者の訓練を活用することに対する助成金の創設、再就職実現時に支給していた助成金を人材ビジネス業者に委託した際にも助成金を支給、受入れ（離職者を雇用する）企業の行なう訓練（OJTを含む）への助成措置の創設など、大幅な制度拡大を求め、その後、すべて実現されました。

制度の概要は、事業規模の縮小によって一ヵ月に三〇人以上の離職者を生じさせる場合、再就職援助計画を作成します。離職させる労働者の支援を人材ビジネスに委託した場合、支援対象者一人あたり一〇万円（委託総額が二〇万円に満たない場合は委託総額の二分の一）が支給されます。対象者の再就職が実現した場合は、再就職支援への助成として大企業は委託総額の二分の一（対象者が四五歳以上なら三分の二）、中小企業は委託総額の三分の二（対象者が四五歳以上なら五分の四）が助成されます（支給額は**図Ⅱ-5**〈七五頁〉を参照）。

この助成金は本来、再就職を支援する助成措置ですが、リストラ企業が人材ビジネスに解雇する労働者の再就職支援を委託するだけで一人あたり一〇万円、三〇人で三〇〇万円もが支給されます。受託事業者によって有効な再就職支援が行なわれるかどうかは問われないままに支給されるのです。再就職時の助成も、その要件は雇用保険一般被保険者として雇い入れられた場合であり、週所定労働時間が二〇時間であっても一年以上の雇用見込みがあれば該当し、派遣労働者でも該当します。

非正規や不安定雇用であっても再就職が実現したとの理由で助成金が支給されます。さらに、再就職の経路も問われることはありません。受託した人材ビジネス業者による紹介就職でなくても、労働者の縁故による就職でも、安定所による紹介でも、どんな経路でも再就職支援を行なったとして助成金が支給されます。実際、安定所には支援対象の労働者が「受託業者から仕事は安定所で探すように言われた」とやって来たり、受託業者の担当者が支援対象者を安定所に引率するケースが見られます。

離職した労働者を受け入れた企業に対する助成としては、離職後三か月以内に雇用保険一般被保険者として雇い入れた場合に一人三〇万円、教育訓練を行なえばｏｆｆ-ＪＴの場合一時間八〇〇円の賃金助成と訓練経費が、ＯＪＴの場合は一時間七〇〇円の賃金助成が行なわれます。ＯＪＴに対しての助成は、中途採用者に仕事を教えたら賃金助成を行なうということです。

このように、政府が雇用対策の看板メニューとして掲げる労働移動支援助成金は、人材ビジネス支援とリストラ支援の性格を色濃く持つものです。人材ビジネス業者が、この助成金の活用を謳いながら、企業の〝リストラ指南〟をしている実態が社会問題となっています。二〇一六年一月に開会した第一九〇回通常国会では、こうした実態が議論となり、厚生労働省は同年四月より、支給対象者は「退職強要を受けたと受け止めた者ではないこと」、申請事業主は「退職コンサルティングを受けていた場合には助成金を受けることができない」と要件を追加しました。

図Ⅱ－5

再就職支援奨励金

1　本奨励金は、実施した措置並びに支給対象者の年齢（再就職援助計画の認定日または求職活動支援基本計画書の提出時点の年齢）および企業規模に応じ、支給対象者１人あたり下表の額が支給されます。（１年度１事業所当たり５００人分を上限とします。）なお、委託に係る契約金額の総額を以下「委託総額」といいます。

（１）委託開始申請分

中小企業事業主	中小企業事業主以外
１０万円（委託総額が２０万円に満たない場合は、委託総額×１／２）	

（２）再就職実現申請分（再就職支援）

再就職実現申請分（再就職支援）の支給額は、次の①～③の合計額から、「（１）委託開始申請分」によって支給された額を控除した額です。

なお、①～③の合計額については、委託総額または６０万円のいずれか低い方を上限とします。

①　再就職支援

中小企業事業主	中小企業事業主以外
（委託総額－②訓練加算の額 －③グループワーク加算の額） × ２／３（４５歳以上の場合４／５）	（委託総額－②訓練加算の額 －③グループワーク加算の額） × １／２（４５歳以上の場合２／３）

②　訓練加算

中小企業事業主	中小企業事業主以外
６万円／月（上限３か月分）	

③　グループワーク加算

中小企業事業主	中小企業事業主以外
３回以上実施で１万円	

（３）再就職実現申請分（休暇付与支援）

中小企業事業主	中小企業事業主以外
休暇付与１日あたり７，０００円 （上限９０日分）	休暇付与１日あたり４，０００円 （上限９０日分）

なお、労働日に通常支払われる賃金の額が７，０００円または４，０００円に満たない場合は、当該額が休暇付与１日あたりの支給額になります。

受け入れ人材育成支援奨励金

〈早期雇入れ支援〉

1　本奨励金は、支給対象者１人につき３０万円が支給されます。

2　ただし、１年度１事業所当たり５００人分を上限とします。

〈人材育成支援〉

1　本奨励金は、訓練の種類に応じて、１つの職業訓練計画について支給対象者１人あたり下表の額の合計が支給されます。

訓練の種類	助成対象	支給額
Off-JT	賃金助成	１時間当たり８００円（※８）
	訓練経費助成	実費相当額（※９）　上限３０万円
OJT	訓練実施助成	１時間当たり７００円（※１０）

※８　１人当たり１，２００時間を上限とします。

※９　事業主が負担したOff-JT経費のうち次の経費が対象となります。

①　事業内訓練：外部講師の謝金・手当（１時間当たり３万円が上限）、施設・設備の借上費、教科書・教材費

②　事業外訓練：受講に際して必要となる入学料、受講料、教科書代など

※１０　１人当たり６８０時間を上限とします。

2　ただし、１年度１事業所当たり５，０００万円を上限とします。

厚生労働省「雇用の安定のために」より抜粋

キャリアアップ助成金も疑問の多い制度です。六種類のコースが用意されていますが、「正規雇用等転換コース」では、有期雇用から正規雇用に転換した場合、労働者一人あたり六〇万円（大企業は四五万円）が助成されます。正社員雇用を促進することを目的としていますが、従来から正社員での採用を行なっている企業にとっては、採用時に有期雇用契約を結び、その後正社員化することで助成金を受けられることになります。

社会保険労務士のサイトでは、「今から新しく採用される方を、有期雇用契約で採用し、半年後に正社員化を行うといった流れで助成金を活用していくことが多いからです」と活用のしやすさを訴えています。さらにこのサイトでは、「新しく採用する方は、海の物とも山の物ともつかない状況」だから、「有期雇用契約という採用手法をとることで、採用リスクを軽減することにつながります」とアピールします。こうした営業活動を誘発する制度は、まるで「非正規雇用促進助成金」ではないでしょうか。

3　拡大する人材ビジネス業界

人材ビジネスの規模

雇用をめぐる指標が大きく改善しています。

総務省が二〇一六年四月二八日に発表した同年三月の完全失業率（季節調整値）は三・二％（労働

力調査）となっており、厚生労働省が発表した同年同月の有効求人倍率（季節調整値）は一・三〇倍です。これは一九九一年一二月以来二四年ぶりの高水準です。正社員有効求人倍率（季節調整値）だけを見ても〇・八二倍と高水準です。しかし、その中身を細かく見ていくと、業種や職種のミスマッチが大きく（実際、建設、介護などの求人は多いのですが、求職者の希望が集中する製造、事務の求人は少ない）、適職を求める求職者の活動は決して楽ではありません。一方、激しいグローバル競争のなかで、「安価」で「使い勝手」のよい労働力の調達を望む事業主も少なくありません。

こうしたなかで、求職者と求人者を仲介する人材ビジネスがその活動領域を広げながら、存在感を増しています。人材サービス産業協議会（ＪＨＲ）によれば、「代表的な形態は、求人広告事業、職業紹介事業、派遣事業、請負事業の四つ」であり、「これら四形態の市場規模は、売上ベースで約九兆円と推定」「年間で約八〇一万件の求人を取り扱い、約四七五万人に対してマッチングや就業管理を行っている」としています。[*1]

ここでは、関係法令が一定の規制を施している主な事業とその他の事業の概要を順次見ていきます。

労働者派遣事業　厚生労働省の発表[*2]によると、派遣労働者数（派遣業者への登録者を含む）は約二六三万人（前年度比四・六％増）、事業所数は七万四六〇九か所（前年度比増減無し、うち一般派遣事業者が一万七七三五か所、特定派遣事業者が五万六八七四か所）となっています。[*3]

派遣労働者数は、二〇〇八年度に約三九九万人にのぼりましたが、リーマン・ショック時の雇用の調整弁として「派遣切り」が横行し、二〇一二年度には約二四五万人にまで減少が続きました。しかしその後、二〇一三年度に約二五二万人と再び増加に転じています。

年間売上高は総額五兆四三九四億円（前年度比六・六％増）で、派遣料金（八時間換算）は一般派遣事業が平均一万七二八二円、特定派遣事業が平均二万四〇六二円となっています。なお、派遣労働者の賃金（八時間換算）は、一般派遣事業が平均一万一八四〇円、特定派遣事業が平均一万五四〇八円となっています。

かつて、労働者派遣事業は労働者供給事業として職業安定法によって禁じられてきましたが、一九八五年の労働者派遣法成立によって解禁され、一九九九年の対象業務のネガティブリスト化、二〇〇三年の期間制限の緩和などで事業規模を拡大させてきました。他方、二〇一二年の日雇い派遣の原則禁止では、逆に派遣労働者数が減少するなど、この間の制度変更が事業全体の規模に影響を与えています。

二〇一五年の労働者派遣法改正により、届出制が廃止されて許可制に一本化されたことが全体の規模に影響を与えることが考えられますが、三年間の猶予措置が講じられていることなどから、現時点で顕著な動きは現れていません。

職業紹介事業　民営職業紹介事業は、その対象業務がネガティブリスト化されるまで、マネキン、家政婦、芸能家、理・美容師、調理師など二九の職業が許可制のもとで認められているにすぎませんでした。しかし、現在では事業者が急増し、民営職業紹介事業所数は一万八八〇五か所（前年度比三・四％増、うち有料職業紹介事業所が一万七八九三か所）と近年著しい増加傾向が見られます。*4

民営職業紹介事業所における新規求職申込件数は約一五八四万件（前年度比五八・四％増）、求人数（常用求人）は約五一二万件（前年度比二五・〇％増）、就職件数（常用就職）は五六万件（前年度比一五・三％減）となっています。

景気の回復傾向を反映し、求人数（常用求人）の増加が特徴です。常用就職件数を見ても中期的には増加傾向が認められ、職業別には「生産工程の職業」「専門的・技術的職業」「販売の職業」「サービスの職業」などで拡がりが見られます。これは、派遣事業を行なう事業者が職業紹介事業を兼業するなど事業の多角化が大きく影響していると思われます。

無料職業紹介事業者数は、地方公共団体が四二一（前年度比一二・九％増）、特別の法人が二〇〇九（前年度比五・二％増）となっています。

地方公共団体の取扱い状況は、新規求職申込件数が二万五七一九件（前年度比七・五％減）、常用求人数が二一万〇八五七人（前年度比七・四％減）。常用就職件数は六七九二件（四・〇％増）にとどまり、民営職業紹介所のわずか一％程度の実績にすぎません。

一方、特別の法人が取り扱っている状況を見ると、新規求職申込件数が五七一三件（前年度比三・一％減）、常用求人数が一万三二四二人（前年度比三六・九％増）、常用就職件数は二六九五件（二〇・七％増）となっています。特別の法人の多くは農協ですが、臨時日雇い求人が九割以上（そのほとんどが「農業の職業」）を占めていることから、繁忙期の人手を日雇いであっせんしている実態が見えてきます。また、常用就職件数では、外国人技能実習生に関する求人が四割と比較的多いことも特徴です。

なお、ここで言う「常用」とは、四か月以上の期間を定めて雇用される者または期間の定めなく雇用される者をいうことに留意が必要です。

業務請負事業　業務請負事業は、注文主との請負契約（民法六三二条）に従い、請負事業者が自らの仕事として自己の裁量と責任のもとに、自己の雇用する労働者を直接使用して仕事の完成にあたるものです。

具体的には、告示[*5]によって、「注文主と労働者の間に指揮命令関係が生じず、①当該労働者の労働力を当該事業者が自ら直接利用すること、すなわち、当該労働者の作業の遂行について、当該事業主が直接指揮監督のすべてを行い、②当該業務を自己の業務として相手方から独立して処理すること、すなわち、当該業務が当該事業主の業務として、その有する能力に基づき、自己の責任の下に処理されることが必要である」と整理されています。しかし、業務請負と労働者派遣との境目は依然あいまいであり、形式上は業務請負としながらも、その実態は労働者を注文主の指揮命令下に置く「偽装請負」であることが少なくありません。

こうした業務請負は、職業安定法等の規制の枠外にあるため、全体像を示す公的なデータはありませんが、二〇〇五年の厚生労働省の調査では、生産業務に従事する請負労働者の平均は一事業所（製造業）あたり平均二〇八・九人、請負労働者の登録制度がある事業所は一五・六％、登録者の平均人数は八〇六・五人となっています。[*6] また、製造業における請負労働者がいる事業所の割合は三〇・七%となっており、規模が大きいほど請負労働者の割合が多いことも明らかとなっています。[*7]

人材サービス産業協議会[*8]が設置した「人材サービス産業の近未来を考える会」によれば、請負事業における年間就業者数（請負社員数）は六九万人、取引先事業所数は三・二万件、市場規模は一兆五七五七億円としています。[*9]

今日の業務請負事業は、製造業にとどまらず、コールセンターやデータ入力業務、公共サービスなど広範囲に及んでいることから、業務請負事業全体の規模はさらに大きなものとみることが必要です。

募集情報提供事業　求人広告誌や求人サイト等に求人を掲載する行為は、法制度上「文書募集」として整理されています。職業安定法は、「文書募集」に対して労働条件の明示（五条の三）や募集内容の的確な表示（四二条）などの義務を課し、告示が、明示すべき労働条件の内容や方法などを詳細に定めています。[*10] また、職業安定法六五条八号は、虚偽広告または虚偽条件呈示などに対する刑事罰を設けています

求人広告誌の発行や求人情報サイトの運営を行なう募集情報提供事業は、求人事業者が行なう募集を効果的・効率的にするための援助を行なう事業と位置づけることができますが、諸規制は募集情報提供事業者に直接適用されるわけではありません。したがって、募集情報提供事業は、事業の開始に関わる許可・届出を必要とせず、事業規模に関する公的なデータもありません。しかし、さきほどの「人材サービス産業の近未来を考える会」の報告では、求人広告による年間就業者数は二一七万人、

広告掲載件数は五四五万件、市場規模は九八六六億円とされています。
全国求人情報協会のウェブサイトによると、二〇一五年一二月の広告掲載件数は九一万六六七四件となっていることから、これに一二を乗じた一一〇〇万件を年間で扱っていることが推定され、数年間で急速に拡大していることがわかります。なお、媒体別に見ると、有料求人情報誌が約三万件（減少傾向）、フリーペーパーが約二四万件（増加傾向）、折込求人誌が約五万件（横ばい傾向）、求人サイトが五九万件（増加傾向）となっており、今後も増加が見込まれます。
ところで、求人・求職情報サイトでは、ICT（情報通信技術）によってさまざまな付加的サービス（電子メールによる応募や勧誘、検索機能を装備するなど）を講じている場合があり、職業紹介事業との境目がわかりにくくなっています。この点で厚生労働省は、「職業紹介」を「求人及び求職の申込みを受け、求人者と求職者との間における雇用関係の成立のあっせんを行うこと」、ここで言う「あっせん」を「雇用関係の成立が円滑に行われるように第三者として世話をすること」と定義しており、具体的には、通達で定めています。[*11]
近年、求人広告誌や求人サイトの情報について虚偽が疑われたり誤解を生じさせるような表示による「偽装求人」「求人詐欺」が問題となっています。[*12] 賃金を見かけ上、高く見せる「固定残業代」（基本給に組み込んだ不適切な表示）などはその典型です。また、厚生労働省が二〇一五年七月に実施した「民間求人広告に対する実態調査結果[*13]」によると、求人メディアに掲載されている求人広告の七・三%は「カラ求人」（募集を行なっていない求人）であったことが明らかになっています。

再就職支援（アウトプレースメント）事業　再就職支援（アウトプレースメント）業は、企業が解雇（退職）する労働者の再就職支援として、助言、カウンセリング、応募書類の添削を行なうほか、就職のあっせんなどを行なう事業です。もともとアメリカで発達したものが日本にも一九八〇年代に伝播してきたものです。

厚生労働省は、こうした事業が教育訓練、相談、助言のみならず、職業紹介を行なう場合は職業紹介事業に該当するとして許可を取るよう指導していますが、相談・助言にとどまっている限りいっさいの規制を受けないことになります。このため、全容を示す公的データはありません。

市場調査とマーケティングを手がける株式会社矢野経済研究所の調査によれば、二〇一四年度の再就職支援業の市場規模は約二六九億円（前年度の八六・八％）としており、大型委託案件が増えた二〇一二年度にリーマン・ショック後（二〇〇九年度）を上回る規模にまで拡大したものの、近年の企業業績の回復にともない、市場規模は当面縮小傾向を示すと予測しています。[*14]

再就職支援事業の内容にかかわり、国会審議等で退職強要を疑われる事案があるとの指摘があったことを受け、厚生労働省は二〇一六年三月、日本人材紹介事業協会や全国民営紹介事業協会に対し、「その自由な意思決定を妨げるような退職強要を実施したり、退職強要に該当する行為についてマニュアルを企業に提供したりすること」や「積極的に退職勧奨の実施を提案したり、企業の労働者に対して直接退職勧奨すること」が適切でないこと、さらに人員削減の方針がない事業主に対して、労働移動支援助成金の利用を働きかけてならないことなどを指導しています。[*15]

この指導はもっぱら退職勧奨（強要）に焦点をあてていますが、退職後の労働者への支援内容にも一部で問題が指摘されています。具体的には、低い労働条件での再就職もやむをえないと強要または誘導する事例が指摘されており、こうした傾向が一般化するなら労働条件の底割れにつながる動きといえます。

労働者供給事業　これまで取り上げた人材ビジネスとは性格を異にするのが労働組合による無料の労働者供給事業です。労働者供給事業は職業安定法によって禁止されていますが、労働組合が厚生労働大臣の許可を受けて行なう場合のみ認められています。労働組合の労供事業では中間マージンが排除されているため、派遣労働と比較し、供給対象の労働者に有利な賃金・労働条件が可能となります。組合による労供事業は、事業体としては市場において派遣業者と競争しなければならず、労働条件の引上げを目的とする組合本来の目的との両立をどのように統一するかという課題に絶えず直面しています。労供事業対象の組合員総数は数年前に増加する傾向を見せていましたが、供給実績は停滞しています。厚生労働省の公表[*16]によると、労働者供給事業を実施している組合は九〇組合となっています。供給実績では、延べ供給人数が一七二万九七一七人（対前年度比二・八％減）、実人員で三万二六六一人（同六・〇％減）となっています。主な対象職業は、「自動車運転」「運搬労務」「建設」となっています。

表Ⅱ－5　入職経路別入職者の構成比

（単位：％）

入職経路構成比	入職経路計								
		職業安定所	ハローワークインターネットサービス	民営職業紹介所	学校	縁故	出向・出向先からの復帰	広告	その他
入職者計	100.0	20.1	4.4	2.7	6.0	21.8	3.3	35.8	5.9
新規学卒者	100.0	13.5	3.8	1.6	33.6	8.1	0.7	32.7	6.1
新規学卒者以外の未就業者	100.0	18.4	4.2	1.5	1.9	21.5	0.7	46.8	4.9
既就業者（転職入職者）	100.0	22.1	4.6	3.4	1.2	25.0	4.7	32.9	6.3

（出所）厚生労働省「雇用動向調査」（2013年）より作成。

入職経路から見た人材ビジネス

厚生労働省の労働市場分析レポート[*17]によると、広告による入職がもっとも大きな割合を占めていることがわかります。

広告のなかには、後で紹介するインターネット上の求人広告も含まれていると思われます。パソコンで手軽に情報を得られるなどの利便性の高さ、また、新聞折り込みなどのように求人情報が手元に届けられるというアクセスの容易さの影響が大きいと思われます。

募集に要する費用負担が厳しい中小零細企業は、無料で求職者を斡旋する公共職業安定所の利用を選択するケースが多いでしょう。また、求職者の立場からも、安定所の専門職員のカウンセリングなどを通じて、適職選択に向けた各種支援が得られる点が考慮され、安定所（ハローワークインターネットサービスを含む）を経由した入職が比較的高い割合（二四・五％）を示しているものと思われます。

なお、公共職業安定所の求人は原則として公開されており、ハローワークインターネットサービスで公開されている求人情報は、二次加工されるなどしたうえで、民間の人材ビジネスの営業対象としても「利用」されています。

なお、転職者の縁故採用も高い割合を占めています。縁故による採用が多いのは、人物に対する信頼性が高いという点も見逃せないでしょう。一方、このレポートからは、縁故採用が減少傾向にあることが見受けられますが、公正採用を求める機運の高まりも背景にあると思われます。

人材ビジネスの多様化・複合化

今日の人材ビジネスは、多様化していることが特徴的です。具体的には、これまで紹介した事業（労働者派遣事業、職業紹介事業、募集情報提供事業、業務請負事業、再就職支援事業など）に加え、人事コンサルティング、採用事務代行サービス、福利厚生（健康管理）代行サービス、そしてさまざまな教育研修・訓練（主に事業主を代行する形態のほか、キャリアアップを望む個人への講座）などの分野でその領域を広げています。[*18] また、雇用（労働契約）を仲介するだけなく、個人請負契約や委託契約のあっせんやインターンシップのあっせんを手がける業者も現れています。これらの多様な事業は、それぞれに独立して運営されるのではなく、相互に連携しながら複合的に運営されていることが特徴的です。

厚生労働省が実施したアンケート[*19]によると、職業紹介事業以外に労働者派遣事業（四七・一％）、請負事業（二七・二％）、研修・教育訓練事業（一七・五％）、求人・求職情報提供事業（一一・一％）を行なっていることが明らかとなっています。

また、労働政策研究・研修機構（JILPT）が実施した調査[20]では、募集情報提供事業以外に職業紹介事業（四四・四％）、広告事業（四一・四％）、労働者派遣事業（二二・二％）、研修・教育訓練事業（一六・二％）、業務請負事業（一三・一％）、IT関連事業（八・一％）を行なっていることが明らかになっています。

同調査はさらに、募集情報提供事業者が実施する雇用関連サービスについても尋ねていますが、「就職フェア、面接会の開催」（二六・三％）、キャリア・コンサルティング（一七・二％）、採用関係業務の代行（一六・二％）、就職面接対策セミナーなどの開催（一四・一％）、求人者に対するコンサルティング（一三・一％）などの回答から、関連した領域にも事業分野を拡大させていることがわかります。また、掲載された募集情報を利用して就職した労働者（求職者）に就職祝い金（一時金）を支払うなどの動きも見られます。

国（内閣府、厚生労働省、経済産業省など）や自治体が実施する雇用関連事業を請け負うことも人材ビジネスの大きな事業領域です。たとえば、内閣府（官民人材交流センター）が実施する国家公務員の再就職支援（各種セミナー、個別キャリア・コンサルティング、職業紹介、応募・面接対策など）は、民間の再就職支援事業者に委託されています。経済産業省が全国に展開するジョブカフェ（各種の就職支援サービス）も人材ビジネス業者に委託されることによって運営されています。また、防衛省の退職予定自衛官に対する再就職支援も一部が人材ビジネス業者に委託されています。

自治体では、たとえば埼玉県が実施している「ハローワーク浦和・就業支援サテライト」で国（ハローワーク）の専門職員が常駐して職業相談・紹介を行なうと同時に、県が中高年齢者や女性向けのキャリア・カウンセリング、住宅・生活相談等を実施していますが、県が実施している事業は人材ビジネス業者に委託されています。東京都の「東京しごとセンター」では、年代別や女性向けのさまざまな求職者支援を行なっていますが、「若者正社員チャレンジ事業」「キャリアチェンジ支援プログラム」「東京しごと塾～正社員就職プロジェクト～」「女性再就職サポートプログラム」など、多くの事業が人材ビジネス業者に委託して行なわれています。このように、自治体の雇用関連事業のほとんどは人材ビジネスに委託されています。

また、経済のグローバル化にともない、国外での事業展開を担う人材の確保や国内での外国人労働者の就労などに関わる事業を手がける業者が増えています。主要な人材ビジネス業者はいくつもの海外拠点を設けており、今後もさらなる拡大が見込まれます。

人材ビジネスのICT化

ICT（情報通信技術）化も今日の人材ビジネスの特徴といえますが、それが顕著に表れているのは募集情報提供事業者等が運営する求人・求職サイトです。短期のアルバイトから転職希望者、新卒者向けまで多彩なサイトが広がっています。大卒（新卒）の就職活動の実態を見ると、これらのサイトを利用しなければ成り立たないほどです。

今日では、メール機能やリコメンド機能等のさまざまなツールが組み合わされ、多様な付加サービスがサイトに設けられています。民間事業者のみならず、厚生労働省も各種のサイトを運営していますので、その実情を見ていきます。

厚生労働省の「ハローワークインターネットサービス」 厚生労働省は、公共職業安定所（ハローワーク）で受け付けた求人のなかで、インターネットへの掲載を希望した求人を検索できるようにしています。それが「ハローワークインターネットサービス」（http://www.hellowork.go.jp）です。全国で受け付けた求人が掲載されるので、数百万件に及ぶ情報が掲載されています。また、障害者の求職情報、その他雇用政策に関する情報も掲載されているほか、トップページには自衛官募集のバナーも設けられています。

なお、ハローワークインターネットサービスに掲載されている求人情報は、すべての情報が掲載されているのではなく、求人者の希望に応じて「すべての情報」「求職登録を行っている者だけ事業所名などを見ることができる求人」「事業所名など詳細を除く情報」に分類されています。

厚生労働省の「人材サービス総合サイト」 厚生労働省は、労働者派遣事業、職業紹介事業の許可・届出事業所一覧をはじめ、制度の周知や最新情報の提供を行なう「人材サービス総合サイト」（http://www.jinzai-sougou.go.jp/index.aspx）を運営しています。このサイトを見てみると、労働者派遣事業者と職業紹介事業者を検索することができます。サイトへの掲載は、事業所から申し込みを受け付けたうえで行なわれています。

なお、「人材サービス総合サイト」内にハローワークインターネットサービスで提供される求人と民間求人情報提供機関の情報を融合させた「仕事情報ネット」(http://www.job-net.jp/)を二〇〇一年に開設し、一時期は一日約一七〇万件ものアクセスを記録してきましたが、その後の利用率の低下や民間の求人サイトとの競合等から二〇一六年三月三一日をもって廃止しています。

民間事業者による求人情報提供　「リクナビ」(http://www.rikunabi.com/)はもっとも有名な就職情報サイトの一つです。リクルートの就職、転職、派遣、薬剤師、進学の情報サイトが用意されています。そのなかの新卒向けでは、合同企業説明会やインターンシップの案内なども設けられています。なお、リクナビNEXTにおける求人募集では、最小サイズ・掲載期間二週間で勤務地を限定するプランが一三万円から、最大サイズで全国対応、四週間掲載で一八〇万円となっています。

また、登録した求職者向けに特別な求人情報の提供と転職支援サービスなども実施されています。転職支援サービスは、キャリアアドバイザーによる面接、プランニングの作成、求人情報の提供、面接日の調整等が行なわれています。

「マイナビ」(http://www.mynavi.jp/)も有名です。マイナビは、学生生活支援や結婚準備サイト等も用意されていますが、そのなかに新卒向け求人情報や転職者向けの転職サイトなどが用意されています。仕事探しに分類されているサイトが九種類、就職活動に分類されているサイトが六種類あるなど多様なサイトが準備されています。

こうしたサイト以外にも求職者が履歴書情報を登録することにより企業から直接連絡が届く「スカ

ウトサービス」もあります。みずからの経歴を登録することによりスカウトサービスを利用する企業からのアプローチを待つというものです。なかには面接を保障する場合もあるようです。

近年、新規大卒を中心に、これらのサイトを活用する「ネット就活」が広く普及しており、それとセットで活用される「就活塾」も新たな人材ビジネスと見ることができます。多くの企業が「就活塾」を運営していますが、大手の「就活.salon」では、グループ講義一二〇分を五回と、個人レッスンなどから成る「フルサポートコース」が一六万九〇〇〇円で提供されています。

その他にも多様なインターネットによる求人情報提供サービスがあります。たとえば、日本弁護士連合会が運営する「ひまわり求人情報ナビ」(http://www.bengoshikai.jp/kyujin/link.php) は法律事務所、企業・団体、官公庁、自治体等からの求人情報を弁護士・司法修習生に紹介するものですが、このように業務専門職を扱うサイトも多くあります。その他、ハローワークインターネットサービスの求人情報を独自に加工して公開しているサイトも存在します。

人材ビジネスへの規制見直しの動向

二〇一四年六月二四日に閣議決定された「規制改革実施計画」では、有料職業紹介事業との規制見直しに触れ、①多様な求職・求人ニーズに対し業態の垣根を越えて迅速かつ柔軟にサービスを提供することを可能とする制度のあり方、②IT化などによる新しい事業モデル・サービスに対応した制度のあり方、③その他有料職業紹介事業などをより適正かつ効率的に運営するための制度のあり方について、厚生労働省が検討を行なうよう求めています。

また、政府の規制改革会議は二〇一五年一月二八日、「『雇用仲介事業の規制の再構築』に関する意見」を取りまとめ、「社会経済の発展、求職者求人者のニーズの多様化、ＩＴ化の進展などに法制度が対応しきれなくなっている」などとして、①職業紹介事業における「一事業者主義」の撤廃、②委託募集の許可制の撤廃、③ＩＴ化を契機とした職業紹介の再定義と規制の明確化、④事業所設置・責任者配置規制の抜本的見直し、⑤国外にわたる職業紹介に関する届出規制の見直し、⑥求人・求職情報の管理業務に関する規制の簡素化、⑦職業紹介と労働者派遣における求人・求職情報管理の一元化、⑧職業紹介事業と他の雇用仲介事業との規制の整理と統一化などを政府に求めています。

これらの動きは総じて規制緩和を求めるものですが、このような前提ではなく、労働者の権利保護などに留意しつつ、人材ビジネスの多様化、国際化、ＩＣＴ化などに対応する法規制の今日的なあり方を議論することが重要です。

厚生労働省は二〇一五年三月三一日、学識経験者等による「雇用仲介事業の在り方に関する検討会」（座長　阿部正浩中央大学経済学部教授）を設置し、海外の法規制にくわしい有識者や関係団体・事業者からのヒアリングを精力的に進めています（二〇一六年四月現在で一四回開催）。

これまでに議論されてきた論点は、①職業紹介事業と労働者派遣事業を兼業する場合のルールのあり方、②職業紹介事業の許可基準や求人・求職に関する全数受理義務などのあり方、③職業紹介事業者間または職業紹介事業以外の者との業務提携のあり方、④ＩＴ化に対応した多様なビジネスモデルをふまえた職業紹介と他事業の区分、⑤国際化に対応した国内・外への職業紹介の手続き、⑥委託募集の許可・届出の見直し、⑦法規制のある業態以外の雇用仲介事業のルールのあり方、⑧求人時の労働条件表示の適正化（トラブル防止）、⑨ハローワークと民間職業紹介事業者との役割分担など、多岐にわたっています。

今後、同研究会で一定の結論を得たうえで、職業安定法、労働者派遣法それに関連する関係省令、さらには業務取扱要領や各種基準（通達）などの見直しに向けた議論（労働政策審議会）が加速すると考えられますが、求職者（労働者）の権利保障の観点からその動向を注視することが必要です。

＊1　人材サービス産業協議会のウェブサイト「市場規模と四つの形態」を参照（http://j-hr.or.jp/aboutmarket/market/）。

＊2　「平成二六年度　労働者派遣事業報告書の集計結果」（二〇一六年三月三一日、報告率八八％）。特定労働者派遣事業者の五～六割程度、一般労働者派遣事業者の二～三割程度はほとんど実績のない事業者であるとみられています。

＊3　厚生労働省の「人材サービス総合サイト」に登録されている派遣事業者数は、二〇一六年四月一日現在、一般派遣事業者が一万九二五五件、特定派遣事業者が六万六〇一四件となっています。なお、二〇〇五年度（一般派遣事業者が一万四六八八件、特定派遣事業者が一万六六七三件）と比較すると、およそ一〇年間で一般派遣事業者数が一・三倍、特定派遣事業者に至っては四倍を超えて増加しています。

＊4　「平成二六年度　職業紹介事業報告の集計結果」（厚生労働省、二〇一六年三月三一日）。

＊5　「労働者派遣事業と請負により行われる事業との区分に関する基準」（昭和六一年労働省告示三七号）。
＊6　「労働力需給制度についてのアンケート調査」（厚生労働省、二〇〇五年）。
＊7　「派遣労働者実態調査結果」（厚生労働省、二〇〇五年九月公表）。
＊8　人材サービス産業協議会の構成団体は全国求人情報協会、日本人材紹介事業協会、日本人材派遣協会、日本生産技能労務協会の四団体でしたが、現在の正会員には日本エンジニアリングアウトソーシング協会も加わり、五団体で構成されています。
＊9　『二〇二〇年の労働市場と人材サービス産業の役割』（人材サービス産業協議会発行、二〇一一年）。
＊10　「職業紹介事業者、労働者の募集を行う者、募集委託者、労働者供給事業者等が均等待遇、労働条件等の明示、求職者等の個人情報の取扱い、職業紹介事業者の責務、募集内容の的確な表示等に関して適切に対処するための指針」（平成一一年労働省告示一四一号）。
＊11　「民間企業が行うインターネットによる求人情報・求職情報提供と職業紹介との区分に関する基準について」（平成一二年七月二七日付職発五一二号）。
＊12　「特集・偽装求人問題」労働法律旬報一八六二号（二〇一六年）。
＊13　「第七回雇用仲介事業等の在り方等に関する検討会」（二〇一五年一一月一三日）配付資料。
＊14　株式会社矢野経済研究所「人材ビジネス市場に関する調査結果二〇一五」（二〇一五年一〇月一九日）（http://www.yano.co.jp/press/press.php/001460）。
＊15　「企業が行う退職勧奨に関して職業紹介事業者が提供するサービスに係る留意点について」（平成二八年三月一四日付職発〇三一四第二号）、「企業が行う退職勧奨に関して職業紹介事業者が提供するサービスに係る留意点について」（平成二八年三月二八日付職派需発〇三二八第一号・職雇移発〇三二八第一号）。
＊16　「平成二六年度労働者供給事業報告書の集計結果」（厚生労働省、二〇一六年三月三一日）。

＊17 「入職者の入職経路に関する分析」（厚生労働省、二〇一四年九月三〇日）。

＊18 人材ビジネスの「商品サービス」「新領域サービス」などについては、株式会社リクルートホールディングス・リクルートワークス研究所「日本の人材ビジネス（二〇一〇～二〇一五）」（二〇一〇年五月、更新二〇一五年三月）を参照。

＊19 「職業紹介事業者に関するアンケート調査／職業紹介事業所調査」（厚生労働省、二〇一三年）。

＊20 「求人情報・求職情報関連事業実態調査」（労働政策研究・研修機構、二〇一五年）。

【コラム】「誤解」されている派遣という働き方

「そんな怪しげなもの会社に持っていったら、上司になんて言われるかわかりません」。

私が取材先のある労働組合から、労働問題について啓発するチラシが入ったポケットティッシュを大量にもらった時、おすそ分けしようとした友人から言われた言葉である。

二〇代、ＩＴ企業に勤める契約社員。彼はチラシを抜き出してゴミ箱に捨てると、ティッシュだけをかばんにしまった。

「労働は商品じゃない」「ブラック企業」「不安定雇用」
チラシにうたわれた標語はどれもまっとうで、ちっとも怪しくない。心外に思い、非正規で働く、二〇〜三〇代の別の友人たちにもティッシュを渡してみたが、ほぼ同じ反応を返された。

派遣社員の女性、建設業や飲食店などのアルバイトを掛け持ちする男性、日本郵政の期間雇用社員――。身分が不安定な彼らは会社で悪目立ちすることを恐れてチラシを捨てるのか？　たしかにそうした面もあるかもしれない。ただ、それ以上に彼らはどうも「労働運動や労働組合などというよくわからないところとは関わりたくない」と思っているようなのだ。

取材のために労働組合が紹介してくれた働き手は別として、こうした個人的な知り合いの非正規労働者で、二〇一五年九月に施行された改正派遣法に反対する人はほとんどいない。

ある派遣で働く女性は携帯電話で複数の派遣会社に登録しており、「派遣会社のおかげで勤務地も、勤務時間も自由に選べます。正社員だったら入れない会社でも働ける」と屈託がない。派遣やアルバイトを掛け持ちしている男性も「長期の海外旅行が趣味なんで。正社員なのに短期間で辞めると会社に迷惑をかける。派遣という働き方がちょうどいい」という。

厚生労働省が二〇一二年に実施した派遣労働者実態調査では、派遣労働者のうち自ら派遣を希望しているのは四三・一％だったのに対し、正社員になりたいのになれない「不本意派遣」は四三・二％と、両者のデータはほぼ拮抗した。

取材で話を聞く若者の多くは、自身が非正規ゆえに深刻な労働問題を抱え、労働組合にも加入していることもあって、派遣を含めた非正規という働き方には批判的だ。一方、取材以外で知り合った友人らは「派遣法改正？　別にいいんじゃない」というタイプが圧倒的に多い。厚労省の調査はこうした私の周囲の「現実」をおおむね正確に反映しているようにもみえる。

一方で、派遣・非正規労働歓迎派の友人らの言い分には「誤解」にもとづくものも多い。たとえば、先に述べた「派遣会社のおかげで……働ける」と話す派遣女性がこれまであっせんされてきたコールセンターや事務補助などの仕事は、以前なら企業が直接雇用していた業務もある。別に派遣会社のおかげで新しく生まれた雇用というわけではない。また、アルバイト男性にしても正社員もルールさえ守れば、退職するのは自由である。厚労省の調査で、派遣希望と答えた人のなかにも、彼らと同じく規制緩和の経緯や法制度を正しく理解していない人も多かったのではないか。そう考えると、「派遣希望が四三・一％」は誤解の上に成り立った、世論をミスリードしかねない結果なのではないか。

いずれにしても、私の若い友人たちはまだ、非正規労働者という理由で著しく理不尽な目にはあった経験がないのだ。では、彼らが四〇～五〇代になった時はどうなのか。

そう考え、二〇年以上にわたって派遣で働いてきた友人と久しぶりに連絡を取ってみた。彼女と知り合ったころ、私は派遣労働について、低水準の時給や派遣先上司によるセクハラ、トイレの回数まで制限される過酷な職場環境などを報告する記事をせっせと書いていた。これに対し、当時、三〇代になったばかりだった彼女からは「あまり『派遣＝かわいそう』みたいな書き方をしないでね。私は好きで派遣やってるんだから」とくぎを刺されたものだ。

優秀だった彼女はこのころ、派遣先には事欠かなかったが、四〇歳代になった現在、その状況は一変していた。「四〇歳を過ぎてから目に見えて仕事が減った。面接を受けても、採用されない」。自費で秘書検定や産業カウンセラーの資格も取ったし、ジョブ・カードも持っている。しかし、それらは「なんの役にも立たなかった」。「半失業」状態が続くなか、一人暮らしは難しくなり、彼女は数年前、東京から北海道の実家へと引き上げていた。

「派遣、三五歳限界説」を地で行くケースだった。もし彼女がもっと若いころに、自身の働かされ方に少しでも疑問を抱いていたら、もっと違った未来があったのだろうか。

プライベートでの友人たちに代表されるように労働問題への関心が薄く、労働組合へのアレルギーを抱く若者がいる一方で、最近は、大学で非正規労働の問題などを学んだ新卒の正規労働者のなかには、自ら労働組合の門をたたき、加入する若者も増えていると聞いた。

この二極化にも見える光景はなんなのか。意識が高い若者が増えるのはたのもしいのだが、一方で、労働組合の支援や法律の知識を本当に必要とする働き手の周囲がぽっかりと真空地帯になっているようで、もどかしさが募る。

Ⅲ章

「失業なき労働移動」の実像

1　雇用維持型から労働移動型へ

(1)　政策転換はどうして起きたのか

労働市場政策の転換点

「大企業では人材を抱え込み、『人材の過剰在庫』が顕在化している」「『牛後となるより鶏口となれ』という意識改革の下、人材の流動化が不可欠である」

産業競争力会議（二〇一三年三月一五日）に提出された文書（長谷川閑史主査作成「人材力強化・雇用制度改革について」）の一節であり、それは労働移動型（雇用流動化）政策への転換の起点とも言える文書です。

もとより、この文書は単に大企業の「リストラ願望」を羅列したものではなく、①生産性の低い産業から生産性の高い産業への労働移動の促進、②再就職に向けた労働者の教育・訓練・職業紹介のあり方、③若年労働者の職業訓練・見習雇用支援などにも言及しており、今後の労働市場政策全体の方向性を提起したものと言えます。

同日の産業競争力会議では、これに呼応するかたちで厚生労働大臣から「成長のための労働政策」

と題する文書が提出されており、「雇用維持型から労働移動支援型への政策シフト」「民間人材ビジネスの活用等によるマッチング機能の強化」「労働者派遣制度の見直し」「多元的な働き方の普及・拡大」などを掲げたアクションプランが明らかにされました。

そして、これらの施策は「日本再興戦略」（閣議決定、二〇一三年六月一四日）[*1]に盛り込まれていきます。具体的には、①雇用調整助成金から労働移動支援助成金への大胆な資金シフト、②ハローワークの求人・求職情報の民間人材ビジネスなどへのオンライン提供、③民間人材ビジネスの紹介で雇い入れる事業主へのトライアル雇用奨励金などの支給、④キャリア・カウンセリングやジョブ・カード交付などでの民間人材ビジネスの更なる活用、⑤労働時間法制の見直し、⑥労働者派遣制度の見直し、⑦「多様な正社員」モデルの普及・促進などの施策が並べられました（二〇一五年の改訂では、解雇無効時の金銭救済制度の構築も盛り込まれています）。

二〇〇〇年代の「改革」との類似性

戦後日本の労働市場政策を概観すると、戦後直後の大量失業（大量復員）に対応した失業対策事業、六〇年代の高度成長にともなう産業構造の転換に対応したいわゆる積極的雇用政策、七〇年代の石油危機に対応した不況業種・地域対策や特定求職者対策、そして、東日本大震災直後の緊急雇用創出事業など、時々の社会・経済情勢を反映して多様に展開されており、政策転換はそのつど繰り返されてきたと言ってよいでしょう。しかし、今回の政策転換はいくつかの点で二〇〇一年からの小泉政権下の「改革」と類似しています。
その一つは、「小さな政府」「規制緩和」「官から民へ」「自己責任」などのキーワードに象徴される新自由主義（ネオ・リベラリズム）に依拠し、労働・雇用分野の規制緩和によっていっそうの雇用の流動化を図る（労働市場に市場原理を働かせる）立場です。改革対象を「抵抗勢力」「岩盤規制」と呼ぶ、対決姿勢も共通しています。
実際、積極的な労働移動の促す総合規制改革会議（二〇〇一年四月設置）の第一次答申のロジックは次に示すとおり、産業競争力会議（二〇一三年一月設置）のそれと基本的に同じです。

個人は雇用を守れなくなった企業から、人材を必要とし、雇用を増やそうとする企業へ移動することで長い職業人生を全うしなければならない。特にこれまでピラミッド型の人口構造の中では、経済の衰退部門から成長部門への労働力の比重移動は、主として若者の就職行動を通じて実現していたが、若年人口の激減するこれからは、主として中高年労働者の企業間・産業間移動を通じてこれを実現しなければならなくなる。

もう一つの類似点は、官邸優位（対与党）の政治状況を背景に、重要な政策決定を担う会議体を内閣（または内閣府）に置き、そこに名を連ねる民間議員（多くは、新自由主義的改革を志向する学者と大企業経営者）が広範な諸施策を次々と提起し、それらを閣議決定に引き写していく手法です。その結果、公労使で政策の立案を図るべき労働政策審議会は形骸化を余儀なくされ、事実上、閣議決定の追認を迫られることになります。

二〇〇〇年代中葉は、こうした立場と手法で労働移動型政策が推し進められました。具体的には、①求職者からの手数料規制緩和、②無料職業紹介事業の規制緩和、③派遣労働の拡大、④有期労働契約の拡大、⑤裁量労働制の拡大などです。

その間、米国の堅調な消費需要が後押しし、輸出型企業を中心に売上高、経常利益は過去最高を更新し続けました。また、主要企業の内部留保も増え続け、株主配当も三〜四倍に増加し（財務省「法人企業統計年報」）、実に六九か月（二〇〇二年二月〜二〇〇七年一〇月）にも及ぶ景気拡大（いざなみ景気）を記録します。

しかし、その一方で企業の多くが、労働移動型政策（労働者派遣の拡大など）を背景に、グローバル化にともなう競争力強化を口実としながら人件費削減を推し進めたため、不安定・低賃金雇用（非正規雇用）が大きく増え、二〇〇一年から二〇〇七年までの間、平均給与は四五四・〇万円から四三七・二万円へと減少しています（国税庁「民間給与実態統計調査」）。それは深刻なデフレ（需要抑制と雇用縮小・賃金低下を繰り返す悪循環）を引き起こした要因の一つと言えるでしょう。

そして、二〇〇八年のリーマン・ショック、その後の「年越し派遣村」を契機に、政府は労働移動型政策の転換（雇用調整助成金の拡大など）を余儀なくされてくるのです。

八〇年代以降、新自由主義が席巻した米国でも「過去三〇年にわたりアメリカの労働者の生活が困窮してきた事実を考えると、柔軟な労働市場の効能などもはや神話ではないだろうか」との指摘がありますし、[*2]ＩＬＯ（国際労働機関）事務局長のガイ・ライダー氏も「雇用の規制緩和が、成長をもたらす魔法のような解決策としてとらえるのは間違っている」「日本の成長鈍化は、労働市場の硬直性が原因ではない。逆にいえば、雇用の規制緩和や流動化が成長に繋がったケースもない」と述べています。[*3]

こう見てくると、二〇一三年以降、再び労働市場政策のメインストリームに登場した労働移動型政策が「日本再興戦略」が言うとおり、「日本経済を停滞から再生へと、そして更なる高みへと飛躍させ、成長軌道へと定着させることが可能となる」のか、今一度、クリティカルな視点で検討してみる必要があるでしょう。

(2) 労働移動型政策はバラ色か

労働移動型政策は何をめざしているのか

「人が動くために」との副題が付された規制改革会議「雇用ワーキング・グループ」の報告書（二〇一三年六月五日）は、産業競争力会議の議論と歩調を合わせ、雇用の流動化を促す施策（①正社員改革（解雇ルールのあり方検討、労働時間規制見直し）、②民間人材ビジネスの規制見直し（労働者派遣制度の見直し、有料職業紹介事業の見直し）、③セーフティネットの整備など）を求めています（加えて、規制改革会議「第三次答申」（二〇一五年）は、円滑な労働移動を支えるシステムの整備を掲げ、①雇用仲介事業規制の見直し、②解雇無効時の金銭解決の選択肢付与などを求めています）。

この報告書は冒頭で、「なぜ『人が動く』ことが必要なのか」と自問し、①労働市場の二極化の是正、②多様な働き方の実現、③生産性の低い部門から高い部門への労働移動、④努力が報われる賃金上昇がそれぞれ可能となると自答しています。まさにバラ色の世界が描かれているのですが、はたして労働移動型（雇用流動化）政策はこうした社会を実現することができるのでしょうか。

「労働力買い叩き社会」の出現

報告書は、「不本意なケースを含め非正規雇用が全体の四割近くになり、処遇格差も問題となっている。合理的な理由のない不利益取扱い禁止などを進めるとともに、正規雇用への転換を促進」するとしています。こうした問題意識には賛成できますが、その処方箋を「雇用の流動化」と言い切ることには疑問があります。

雇用の流動化は、労働力の供給先（入職経路）を増やすことになるので、労働市場での求人者優位の状況を招来させることとなり、労働者（求職者）間の競争が激化します。しかも今日、労働力の有力な供給先の一つである派遣・請負事業者（民間人材ビジネス）の現状を見ると、「より安い、より使い勝手のよい労働力の提供」を「売り文句」に互いに競い合っているのですから、いっそうの「雇用劣化」は避けられません。

ネット上で繰り広げられている、大学生の過酷な「就活」の現状にも同様の構図を見て取ることができます。求人情報サイトを通じた「就活」は、各企業ごとに見ると労働力の「供給過多」の状態を生み出し、何社エントリーしても面接までたどり着かない学生も多く、いわゆる「ブラック企業」を選択せざるをえない状況が生じているのです。

結局のところ、雇用流動化の行き着く先は、企業の人員調整を容易にしながら、求人者数よりも求職者数が多い状態を作り出し、「代わりはいくらでもいる」という「労働力買い叩き社会」を出現させてしまうのではないでしょうか。これでは「賃金上昇」どころか、「賃金低下」を促すことになります。

また、「正社員化」「多様な働き方」は実現するでしょうか。ここで重要なことは、こうした「雇用・労働のポートフォリオ」を決めるのは、あくまでも企業（使用者）であるという点です。そのうえに求人者優位の労働市場を出現させるなら、企業にとって使い勝手のよい雇用・労働形態、すなわち「非正社員化」「多様な働かせ方」を広げていくことになるでしょう。

この点で、正社員化は、外部労働市場にある民間人材ビジネスを活用したキャリア・コンサルタントや教育・訓練がカギであるとの主張があります（たとえば規制改革会議での議論）。たしかにミクロで見れば、職業訓練等を通じて能力や技能を向上させ、非正規から正規への転換を成し遂げた労働者も少なくありません。しかし、それはマクロでその比率を変えることを意味しません。使用者の決める「雇用のポートフォリオ」自体に変更を迫る政策がない限り、いくら労働者が教育・訓練を重ねても、労働者（正社員）の玉突き現象が生じることがあっても、正社員の数自体は増えないのです

（他方、能力の高い非正規労働者が増える効果はあるでしょう）。

成長産業への労働移動は可能か

産業構造の変化にともなって、円滑に労働移動を進めていくことは重要なことです。しかし、労働市場の流動化による、成長産業（労働生産性の高い部門）への労働移動はそう簡単に起こらないことが、経済学者の研究によって指摘されています。九州大学の今井亮一准教授は、次のように指摘します。

「労働生産性の高い産業に労働者が移動するなら、そういう産業ほど雇用は増え、労働生産性と雇用規模に正の相関が見られるはずである。しかし、それは観測されない。むしろ、飲食業とか、販売業とか、労働生産性の低いサービス業こそ雇用を拡大しているという事実は政府の公式文書で確認できる。」「『労働市場が正常に機能すれば、労働生産性の高い産業に雇用は移動するはず。そうでないのは、規制や法律があるからで、そういうのを撤廃しろ』という成長戦略論が有力だが、そもそも規制や法律を取り払えばそのように都合のよいメカニズムが働くという保証はないのである。[*4]」

こうした指摘は、次に示す労働生産性の定義からも理解できるでしょう。

労働生産性＝付加価値額／労働投入量

ここで言う労働投入量は、一般に「投入される労働時間数又は労働者数」が用いられています。したがって、労働生産性を高めるには、①分子に着目し、技術革新などを通じて付加価値を増大させていくか、②分母に着目し、人減らし（リストラ）などを通じて労働投入量を減らしていくことが考えられます。いずれにしても、労働生産性の向上は、労働投入量（＝雇用量）を減らすことはあっても、増やすことを意味しないのです。

各産業の実態を見ると、実は労働生産性が低いとされる労働集約型の産業（主にサービス業）のほうが、一般に雇用の吸収力が高い（有効求人倍率が高い）ことがわかります。「雇用を流動化するなら、労働者の余っている企業から、足りない企業へ労働者が移動するので労働力は有効に活用され、効率的」といった見立ては、決して雇用の中身を改善することを意味しないのです。そればかりか、労働者が「足りない企業」の実情を見ていくと、その企業自体に問題（過重労働、使い捨て雇用、低賃金、過大なノルマ、いじめ・パワハラなど）がある場合が多く、それこそがミスマッチの主要因であり（求職者は人間らしい労働を求めている）、労働移動（再就職）を困難にしているのです。

こうした問題の解決なくして、雇用の流動化を進めるなら、バラ色の世界どころか、「出口の見えない失業」という真っ暗闇に労働者は突き落とされることになりかねません。

(3) 日本は「行き過ぎた雇用維持型」なのか

雇用保障の国際比較

労働移動型政策を推進する立場は、現行制度が「行き過ぎた雇用維持型」であることを強調します。

実際、産業競争力会議の有力メンバーである竹中平蔵氏（パソナ会長）と三木谷浩史氏（楽天会長兼社長）は、『文藝春秋』（二〇一三年四月号）の対談のなかで「日本の正社員は世界で一番守られています」（竹中氏）、「一度雇用されれば、正社員というだけでどんなにパフォーマンスが悪くても、怠慢でも、一生賃金を得られる」（三木谷氏）と述べています。

日本の解雇規制（雇用保護規制）ははたして厳しすぎるのでしょうか。

ＯＥＣＤが公表した雇用保護規制の強さに関する指標（二〇一三年）によると、日本の雇用保護規制は三四か国中、下から一〇番目（一般労働者）と九番目（有期労働者）であり、[*5]「世界で一番守られている」との評価は、明らかに言いすぎです。

しかも、ここで比較されているのは適法な解雇ですから、後で述べるように違法・不当な「解雇」が横行している日本の現状は、指標以上に規制は緩いと見るべきでしょう。

以下、使用者の発意による労働移動と労働者の発意による労働移動に大別しながら、それぞれの労働移動の規制の現状をさらにくわしく見ていきます。

使用者の発意による労働移動

解雇の実体要件は厳しいのか　使用者の発意による労働移動の典型は解雇です。日本の解雇規制（実体要件）は、多くの労働裁判を通じて判例法理（解雇権濫用法理など）として確立し、労働契約法一六条に引き継がれています。しかし、こうした解雇規制はあくまで民事的な規制であり、司法制度を中心とした紛争解決のしくみとその運用次第で権利保障の度合いは大きく左右されます。

労働局や労働基準監督署が受け付けた解雇（雇止め、退職勧奨、内定取消等を除く）をめぐる労働相談は年間約四万件（これ自体、氷山の一角）にのぼりますが、このうち労働局長の助言・指導に結びついた事案は約一三〇〇件、紛争調整委員会のあっせんに結びついた事案は約一四〇〇件にすぎません（いずれも二〇一四年度）。また、解雇をめぐる労働審判、労働裁判はそれぞれ一七三五件、一〇二六件にすぎません（いずれも二〇一二年度、「平成二五年二月二六日付産業競争力会議雇用・人材分科会資料」）。つまり、多くの事案は紛争解決制度の俎上にものぼらず、司法へのアクセスは依然、ハードル（経済的、社会的、時間的な負担）が高いのです。

実際、労働行政の現場から見ても、「気に入らないなら辞めろ」「やる気が見られないからクビ」「言うことが聞けないなら辞めてもらう」など、明らかに一方的で不当な解雇であっても、労働者が泣き寝入りせざるをえないケースが大半であり、安直な解雇が広くまかり通っていることがわかります。

解雇の手続要件は厳しいのか　解雇をめぐる国際基準であるＩＬＯ一五八号条約（未批准）は、「雇用が終了されることとなる労働者は、合理的な予告期間を与えられ又は予告期間に代わる補償を受ける権利を有する」（一一条）と定めています。

日本では、使用者が解雇する場合に、三〇日前の解雇予告または三〇日分の平均賃金の支払いを義務づけていますが（労働基準法二〇条）、この予告期間は決して長いとは言えません（たとえば、ドイツでは、在籍期間に応じて原則四週間（在籍二年未満）から七か月（在籍二〇年以上）の段階的な予告期間を定めています）。しかも、この予告期間でさえ遵守されないケースが多いのです（労働基準監督署への申告事案の約二割が解雇予告手当の不払いに関するもの）。円滑な労働移動を実現しようとするなら、十分な予告期間の確保は決定的に重要ですが、そのための検討を始める動きはありません。

なお、さきほどのＩＬＯ一五八号条約や一六六号勧告は、解雇の手続きに関わって、①労働者代表との協議（条約一三条）、②権限ある機関に対する通告（条約一四条）、③予告期間中の勤務に服さない時間の保障（勧告一六項）、④優先的な再雇用の権利（勧告二四項）などを求めています。

「雇止め」「退職勧奨」という名の解雇　厳格とは言えない解雇規制をさらに潜脱する動きもあります。労働者を有期雇用契約で雇い入れ、更新を続けながら都合のよいときに雇止めする企業が多いのです。もとより、労働契約法一九条は、いわゆる雇止め法理を規定していますが、判例は更新上限の設定や不更新条項を原則有効とする立場に立っており、雇止め法理は骨抜き状態と言えます。

執拗な退職勧奨もまた、解雇規制を潜脱するものです。バブル崩壊時（一九九〇年代初頭）、日本の正社員への退職勧奨は過酷さを極め、大量の正社員がこれに「同意」させられました。今日では、「人材強化センター」「キャリア開発室」などといった部署を設けて配転させたり、アウトプレースメント業者へ出向させるなど、新手の退職勧奨が横行しています。

こう見てくると、あの手この手を使って事実上の解雇とも言うべき行為が繰り返されており、日本は屈指の「解雇規制」の弱い国と言えるのではないでしょうか。

労働者の発意による労働移動

辞めさせてもらえない労働者　退職を希望する労働者に対して「代わりを見つけてくるまで辞めさせない」「求人に要する費用を賠償しろ」などと脅すケースが後を絶ちません。労働者は労働契約を民法の規定に従って解除できますが、こうした言動が「脅し」となり、辞められない労働者が少なくないのです。また、就業規則などに広範な競業避止義務が規定されていることから（技術職、営業職、塾講師などに多い）、労働者が離職後の損害賠償請求を過度におそれて、転職（労働移動）を躊躇してしまうケースもあります。

そして、こうした使用者による「足止め行為」が、はたして正当なのかを見極める行政指針すら策定されていないことが、労働者の労働移動をますます萎縮させているのです。

雇用保険制度による再就職支援は有効か　雇用保険の基本手当（失業手当）は、再就職を希望する労働者の求職活動（労働移動のための活動）を支える根幹的な制度です。しかしながら、その受給率（受給者実人員数÷完全失業者数）は低下の一途をたどっており、かつては六〇%近くありましたが、二〇一四年度（平均）で二〇・〇%にまで低下しています（厚生労働省「雇用保険事業年報」、総務省「労働力調査」から算出）。これは相次ぐ制度改定（二〇〇〇年、二〇〇三年）による所定給付日数の削減（とくに自己都合離職者）が大きく影響しています。[*6]

こうした給付日数の短さはそれ自体、労働移動を躊躇させています。蓄えのない求職者は基本手当の給付期間中に新たな職を得る必要がありますが、これまでの仕事で培ってきた技能は必ずしも次の仕事に生かせないことから、新たな知識や技能をある程度身につけなければなりません。給付日数が短ければ、その期間に新たな知識や技能を習得することが難しいため、結局、多くの求職者は「経験を生かした仕事」を希望せざるをえないのです。これでは産業間の労働移動はおぼつきません。

また、現行制度は基本手当の給付の際、求職者を離職理由（会社都合・自己都合）によって区分し、自己都合の場合、原則三か月の給付制限を設けていますが、自己都合による離職へのペナルティとも言うべき措置であり、労働者発意の労働移動を阻害していると言えます。

なお、雇用保険法は、二〇一四年の改正（二〇一四年四月施行）で、就業促進定着手当を新設し（再就職手当の見直し）、再就職にともなう賃金の減額を一定期間、一部補填する措置を講じましたが、賃金減額の「緩和措置」となる一方、低賃金の職場へと誘導する面もあり、労働者の希望する労働移動に結びつくとは言い切れません。

企業情報は十分に開示されているか　正しい企業情報が十分に開示されているかどうかは、求職活動を行なう労働者にとって切実な課題です。

この間の労働市場政策を見ると、外部労働市場の整備を掲げ、労働者の職業能力の「見える化」（多くは能力評価シートや新ジョブ・カードの普及）を推進していますが、もう一方の当事者である企業の情報が「見える化」されていないため、適切なマッチングにはなかなか至りません。

二〇一五年九月一一日に成立した若者雇用促進法では、新卒者等の募集に関わって、一定の企業情報（青少年雇用情報）の提供を募集者等に義務づけていますが、これを新卒者に限定していることや大半が努力義務であることから、実効性に乏しく、改善を要します[*7]。

以上のように、現行制度は「行き過ぎた雇用維持型」との指摘は、少なくとも使用者の発意による労働移動にはあたらず、他方、労働者の発意による労働移動では、正鵠を射ているように思われます。労働移動型政策を進めるなら、このアンバランスを是正することこそ優先させなければなりません。

(4) 望ましい労働移動とその条件

労働移動にも良いもの、そして避けがたいもの、さらに悪いものがあるようです。

まず、良質な雇用を求める労働者の自由意思（希望）にもとづく労働移動が望ましいことは言うまでもないでしょう。

自らの努力でより働きやすい職場、より高い処遇を求めて行なう労働移動は、社会に大きな活力を生み出しますし、また、過酷な労働条件のもとで働く労働者が、それを拒むための労働移動も重要です。

こうした労働移動を阻害する不当な行為を抑止することが必要です。具体的には、①不当な「足止め行為」を禁止する行政指針の作成、②雇用保険制度の充実（給付日数の拡充、給付制限の撤廃・限定など）、③求人時における企業情報の開示義務の拡充などが重要です。

他方、倒産などでの不可避的な失業は依然として多く、産業構造の変化（特定業種の不況など）に応じて労働者が他の産業へと移動していくことも避けられません。

このような局面では、労働者の権利保障（勤労権、幸福追求権、職業選択の自由など）の観点を重視し、新たな適職に向かった労働移動を多様に支援（①雇用保険制度の充実、②公的職業紹介の充実、③効果的な職業訓練、④訓練中の生活保障など）していくことが重要となりますが、これらの支援が奏功するには、いずれも良質な雇用（ディーセント・ワーク）が労働市場に十分存在していることが前提となります。したがって、良質な雇用をいかに創出するかが、常に労働市場政策の柱の一つと位置づけられていることが重要です。[*8] 具体的には、①派遣・請負事業の適切な規制、②有期労働契約の規制（いわゆる入口規制）、③適切な労働時間規制（労働時間の上限規制や不規則勤務の規制）、⑤均等待遇の保障（不合理な差別禁止）などが課題となるでしょう。

実際、良質な雇用が少ないなかで、雇用の流動化だけが進むなら、労働力は労働市場で買い叩かれ、多くの求職者は「失業の継続」か、「劣悪な労働」かの二者択一を迫られる過酷な立場に置かれることになります。逆に、良質な雇用が増えるなら、労働移動支援助成金（国の財政支出）がなくても、労働移動はある程度自発的に起こるでしょう。そして、適切なマッチングが進むなら、雇用は流動化しなくなるとさえ言えるのです。

一方で「人材の過剰在庫の解消」「必要な時だけ、必要な労働力を確保」といった都合のよい経営戦略（主に人件費削減）を掲げながら、解雇規制を緩めたうえで労働移動（リストラ）を一方的に進めたり、派遣・請負事業者などの人材ビジネスの「活用」を促し、労働力の調達（入れ替え）をいっそう容易にするよう求める主張（産業競争力会議など）がありますが、個々の労働者の生活を脅かすだけでなく、社会全体にも多大な弊害を生じさせる可能性があります。したがって、こうした労働移動は、①司法へのアクセスの容易化、②個別労働関係紛争支援の充実、③解雇手続きの厳格化（合理的な予告期間の設定や労働組合の関与など）、③雇止めや退職勧奨の規制を講じることで適切に抑止していくことが重要です。

＊1　「日本再興戦略」は二〇一四年六月、二〇一五年六月にそれぞれ改訂。
＊2　J・スティグリッツ（楡井浩一、峯村利哉訳）『世界の九九％を貧困にする経済』（徳間書店、二〇一二年）一一九頁。
＊3　二〇一三年五月二二日付東京新聞。
＊4　今井亮一「労働移動支援政策の課題」日本労働研究雑誌六四一号（二〇一三年一二月）(http://www.jil.go.jp/institute/zassi/backnumber/2013/12/pdf/050-060.pdf)。
＊5　労働政策研究・研修機構「経済協力開発機構の雇用保護指標（二〇一三）」(http://www.jil.go.jp/foreign/labor_system/2013_11/oecd_01.html)。
＊6　四五歳勤続八年の一般被保険者の所定給付日数は、二〇〇〇年改定前は「二一〇日」でしたが、現在では「九〇日」。

＊7　若者雇用促進法の評価については、森﨑巌「若者の『使い捨て』が疑われる企業（ブラック企業）に対する労働行政の取組と課題」労働法律旬報一八四一号（二〇一五年）。

＊8　「G20サンクトペテルブルグサミット首脳宣言」（二〇一三年）は「雇用市場の柔軟性と効率性の促進」などを掲げる一方、「生産的でより質の高い雇用を創出することは、強固で持続可能かつ均衡ある成長、貧困削減及び社会的一体性の向上を目指す各国の政策の核である」と指摘しています。

2　派遣法改正で固定化する派遣労働者

(1)　規制緩和と派遣労働拡大

一九八五年から二〇〇八年末の「派遣切り」まで

一九八五年制定の労働者派遣法は、従前は違法だった労働者供給を労働者派遣として合法化しましたが、世界水準の労働者保護を定めるものではありませんでした。当時のドイツ、フランスなど世界の派遣法に共通する規制は、①派遣労働利用の期間制限、②派遣労働者と同一類似業務を担当する派遣先労働者との均等待遇、③派遣先使用者の直接雇用責任、④派遣労働の特性に応じた特別な保護、⑤派遣法の実効的運用と監督・取締でしたが、一九八五年当時、日本の労働者派遣法は、これら五つの規制内容を欠いていました。派遣労働利用による関連業界や利用企業の利益・利便拡大に偏り、その半面、労働者保護に欠け、深刻な弊害を軽視する「業法」的性格が強くありました。[*9]

法施行後も本来の監督・取締機能を労働行政が十分に果たせないまま、違法慣行が蔓延するなかで、派遣法改正が相次ぎました。それは、法の重大な欠陥を維持したまま、現実を追認・合法化して適用対象だけを拡大するものでした。とくに、一九九九年改正法は「ネガティブリスト」方式導入によって対象業務を原則自由化して、労働者派遣が例外的規制から大きく変質する転機となりました。九九年改正法施行後、若年男性にも派遣労働が拡大しましたが、とくに、日雇い派遣を含む、短期細切れの不安定労働が増加し、雇用不安定性が極限化しました。

しかし、九九年改正での新規自由化業務では原則一年までの期間制限があったので、それを回避して偽装請負形式による間接雇用が製造部門で広がりました。二〇〇三年派遣法改正は、製造業務での派遣を解禁し、二〇〇四年三月、同法施行後も偽装請負形式を派遣に切り替える例はあまりみられませんでした。

二〇〇四年から二〇〇六年にかけて、製造大企業で「フリーター漂流」と呼ばれる現実が、マスコミで大きく取り上げられました。男性若年労働者たちが、きわめて不安定な短期契約で、しかも、偽装請負形式で、あちこちの工場を企業側の要望に応じる形で、次々に〝漂流〟しながら派遣労働を続けるというのが現実でした。待遇はきわめて低劣で、雇用不安定な派遣労働の深刻な弊害が初めて可視化され、全国民的規模で社会問題化しました。[*10]

二〇〇六年には、各地で偽装請負摘発闘争が展開され、労働局が適法派遣への切り替えを受入れ企業に指導する例が見られるようになりました。その半面、経営者の間では、偽装請負利用に代わる労働者派遣は上限三年を超えると違法となるので、二〇〇九年以降は、派遣労働者を正規雇用に転換する選択を迫られる「深刻な二〇〇九年問題」が議論されました。たまたまその時期に、世界的経済危機（リーマン・ショック）が発生し、経営者は「派遣切り」を行ないました。そこには、経済危機による雇用調整と言う意味もありますが、「二〇〇九年問題」回避という面があったと思います。[*11]

二〇一二年労働者派遣法改正

「派遣切り」は、フルタイムで働いても最低生活水準以下の収入しかない「働く貧困（ワーキング・プア）」が、広範に拡大していることを劇的に可視化しました。二〇〇八年秋から二〇〇九年春にかけて、製造部門大企業で働いていた派遣、有期などの非正規労働者約四〇万人が、雇止め、中途解約、解雇などによって職場を失いました。当時、製造大企業は莫大な利益を上げており、株主への配当を継続したまま雇用調整を強行しました。

失職した労働者の多くが、派遣元が用意した宿舎に入居していたので、雇用と同時に住居も失い、ホームレス状態になりました。企業批判の声が高まり、市民・労働団体のボランティアが東京・日比谷公園など各地に「年越し派遣村」を設置して失職労働者支援活動を展開しました。[*12]

二〇〇九年秋の総選挙を前に、貧困・格差の拡大と、それを生み出した労働・社会分野の規制緩和見直しが争点となりました。同年六月、当時の野党三党（民主党、社民党、国民新党）が、労働者保護を基調とした労働者派遣法改正案に合意しました。つまり、労働者保護を法目的に加え、とくに弊害が際立つ「日雇い派遣」「登録型派遣」「製造業派遣」を原則禁止とするとともに、「派遣先等の責任の強化」として一二項目（①労働者派遣契約の遵守、②年休取得を理由とする不利益取扱い禁止、③育休を理由とする不利益取扱いなどの禁止、④未払賃金に関する責任、⑤健康保険の保険料などに関する責任、⑥派遣労働者に対する安全衛生教育、⑦定期健康診断などの代行、⑧労災保険の保険給付請求に係る便宜の供与、⑨性別を理由とする差別禁止、⑩派遣元に対する個人情報提供要求の制限、⑪団体交渉の応諾、⑫派遣労働者の雇用）を追加する積極的内容を含んでいました。さらに、違法派遣の場合、派遣先に労働契約申込み義務を課して直接雇用責任を定め、同一業務を行なう正社員と派遣労働者の均等待遇まで定める内容でした。

二〇〇九年九月、民主党を中心とする連立政権が発足し、野党三党案実現への期待が膨らむなか、新政権は、派遣法改正について労働政策審議会に諮問しましたが、同年一二月の労政審答申は野党三党案の核心部分の多くを骨抜きにする内容でした。野党三党案のなかでは「登録型派遣禁止」と「日雇い派遣禁止」は残りましたが、それぞれ多くの例外が容認される一方、「製造業派遣」の禁止が除外されました。派遣先責任を大幅に強化するという三党案の積極部分はほぼすべて削除されました。世界標準の内容である「均等待遇」についても、きわめて曖昧な「均衡待遇」として事実上、格差を温存する形に後退してしまいました。

その後、民主党政権は、二〇一〇年七月の参院選挙で敗北して参院での多数を失いました。野党

（自民党・公明党）との妥協を強いられる形で、政府案からさらに「登録型派遣原則廃止」関連規定を削除し、「日雇い派遣」規制を大幅に後退させる法案を提出し、二〇一二年三月二八日、ようやく成立しました。それでも改正法は「規制強化」を基調とし、①日雇派遣の規制、②違法派遣の場合、派遣先が労働契約申込み義務を負うこと、③派遣労働者の有期雇用から無期雇用への転換努力義務、④賃金決定での派遣労働者と同種業務従事派遣先労働者との均衡考慮、⑤「マージン率」（派遣料金と派遣労働者の賃金差額の派遣料金に占める割合）の情報公開義務、⑥派遣労働者への派遣料金額明示義務などの内容を含んでいました。法施行は同年一〇月一日でしたが、②だけは三年遅れの施行でした。この二〇一二年法改正は一部労働者保護規定の追加がありましたが、不十分な水準にとどまったので抜本改正の課題が残りました。[*13]

(2) 二〇一五年労働者派遣法改正

二〇一二年改正では、労働者保護の方向での改正内容が一部に含まれましたが、不十分な点が多く、世界標準に近づくためには、①派遣労働の縮小限定・例外化、②実効ある均等待遇措置、③派遣という特別な就労形態に即した労働者保護、④派遣先使用者責任強化などの重要な立法的課題が残っていました。

しかし、二〇一二年末に発足した第二次安倍政権は、それとはまったく逆の方向、すなわち、経済団体や業界団体が望むとおり、再び規制緩和の方向での法改定をめざすこととし、二〇一二年改正法施行前に、早くもその再改正の議論が開始されることになったのです。

その原動力は二〇一二年改正に不満を抱いていた経済団体と人材ビジネス業界ですが、政治的には微妙な形で進められました。つまり、二〇一二年改正は民主党が主導したとはいえ、当時の野党（自民党と公明党）の要望を受け入れた形で法案は可決されました。二〇一二年末の選挙で与党となった自民党と公明党は、自らも賛成した二〇一二年改正法を法施行前に全面的に改定することができない半面、改正前の経営者側要望に応えるという倒錯した形での法案論議という複雑な様相を呈することになったのです。

経済団体の主張は、労働者派遣法をめぐる徹底的な規制緩和であり、その中心は、政令指定二六業務と指定外業務の区分を廃止し、それにともなう、派遣受入期間制限を撤廃することでした。一九九九年改正法で対象業務限定が原則的になくなった代わりに、政令指定二六業務以外は派遣受入期間制限（原則一年、例外三年上限）が導入され（A規制）、他方、政令指定二六業務は、期間制限なく派遣受入が可能となりました（B規制）。経営者団体は、A規制による受入期間制限の緩和を強く要望していましたが、法改正の口実として、政令指定業務と指定外業務の区別が曖昧なために「業務偽装」など運用上のトラブルが生じやすいことを挙げました。

法改正の議論は、この業務区分をなくしてA規制を撤廃し、すべての業務についてB規制に統一する方向を基調として進行しました。

派遣法制定当時から、労働行政と派遣業界の癒着が指摘されるようになりましたが、今回改正では産業競争力会議などだけでなく、労働政策審議会にオブザーバーとして参加し、派遣団体関係者が積極的に発言するなど、人材ビジネス業界の主導的姿勢が際立ちました。[*14]

ただ、このことは、零細事業者を淘汰して、許可に堪えられる大手業者の意向が強く働いた面があると考えられます。たとえば、業界のなかでも零細な特定労働者派遣事業が多い情報処理サービス関連業界では、二〇一五年改正への懸念から現状維持や経過措置を求める要望が出され、業界主流の主張との違いも現れました。[*15] 労働者保護との関連では、常用型派遣（特定労働者派遣事業）ではなく、有期雇用・登録型派遣（一般労働者派遣事業）に一本化されることで、雇用の不安定性がいっそう強まり、労働者保護が大きく後退しました。

二〇一二年派遣法改正では、初めて「労働者保護」が法律の目的に位置づけられましたが、再び経営者や関係業界が主導する「業法」的性格が強い規制に逆戻りしました。法案審議では、提案者である政府側のミスで、二度も廃案（二〇一四年第一八六回通常国会、同第一八七回臨時国会）になるという前代未聞の経過を経て、大幅に会期が延長された第一八九回国会で、野党の反対を与党が押し切る形で、二〇一五年九月一一日、改正案が可決成立しました。[*16]

労働者派遣事業の許可制への一本化

二〇一五年改正法[*17]は、まず、従来の特定労働者派遣事業と一般労働者派遣事業の区別が、施行日（二〇一五年九月三〇日）以降、廃止され、労働者派遣事業はすべて、新基準による許可制に変わりました。新許可基準としては、①派遣労働者のキャリア形成支援制度、②教育訓練などの情報管理資料の保存、③労働者派遣契約終了時の雇用継続、④安全衛生教育実施体制の整備、⑤雇用安定措置義務違反のないことを追加しています。

たしかに、従来の特定労働者派遣事業は届出受理だけで営業可能であったために、零細規模で雇用主の実体がない業者が多く弊害が目立っていました。許可制化は当然と言えますが、経過措置として二〇一八年九月二九日まで、特定労働者派遣事業の運営を継続できるとし、また、小規模派遣元への暫定的配慮措置として「基準資産額」と「現預金額」について、従来の許可要件を下回る額を容認しています。なお、事業所面積を、おおむね二〇㎡以上とする、従来の緩やかすぎる許可基準は維持されています。

労働者派遣の期間制限の見直し

派遣受入期間の制限の見直し　改正前は、政令指定の「二六業務」は派遣受入期間の制限がなく、それ以外の業務は原則一年まで、例外として派遣先事業場の過半数労働組合等の意見を聴取すれば三年上限とされました。改正法では、施行日以後に締結された労働者派遣契約にもとづく労働者派遣は、業務による区別がなくなり、すべての業務で次のように変更されました。

(1)　まず、派遣先の事業所単位に、派遣先の派遣受入可能期間は原則三年上限とされ、三年を超える場合は、過半数労働組合等の意見を聴取しなければならない。三年の起算日は、改正法施行後、最初の派遣が行われた日とされ、労働者の交替や労働者派遣契約が変わっても変更されない。

(2) 次に、同一の派遣労働者を、派遣先事業所の同一「組織単位」（いわゆる「課」や「グループ」等）に受入可能な期間は三年上限である。組織単位が変われば、引き続き同一労働者の派遣受入が可能であるが、事業所単位の派遣可能期間の延長が前提となり、また、派遣先が同一労働者を指名することは特定目的行為となり禁止される。

(3) ただし、期間制限の例外として、①派遣元で無期雇用の労働者、②六〇歳以上の労働者、③終期が明確な有期プロジェクト業務、④日数限定業務（一か月の勤務日数が通常の労働者の半分以下かつ一〇日以下）、⑤産休、育休、介休等取得労働者の代替業務での派遣には期間制限がない。また、事業所単位と個人単位の期間制限の双方に、それぞれ三か月の、いわゆる「クーリング期間」を認めている。

過半数労働組合等への意見聴取手続　派遣先は、期間制限三年を延長する場合、事業所の過半数労働組合からの意見聴取が必要です。労働側から異議が出た場合、派遣先は、対応方針等を誠実に説明する努力義務を負います。意見聴取は、期間制限抵触日一か月前までに十分な考慮期間を設けて、書面で延長対象事業所と延長期間を通知し、参考資料を提供しなければならず、意見聴取の記録は三年間保存し、労働者全体に周知しなければなりません。派遣受入可能期間の延長は三年間で、再延長の際には改めて意見聴取手続きを踏む必要があります。

意見聴取の相手方は、派遣先の事業所に労働者の過半数で組織する労働組合がある場合は、その過半数労働組合、そのような組合がない場合は、労働者の過半数を代表する者（過半数代表者）です。この過半数労働組合（過半数代表）の概念は、労働基準法で多用されていますが、労働安全衛生法の安全衛生体制（安全・衛生管理者、安全衛生委員会など）の選出母数には派遣労働者も含まれます。問題の意見聴取について、過半数算定の母数となる労働者が、派遣先直接雇用の労働者に限られるのか、派遣労働者を含むのか条文上は明確にされていません。[*18]

雇用安定措置　また、派遣元は、労働者が派遣元で有期雇用の場合、派遣終了後にその雇用を継続させるための措置（雇用安定措置）を講じなければなりません。雇用安定措置としては、①派遣先への直接雇用依頼、②新たな派遣先提供（合理的なものに限る）、③派遣元での無期雇用、④その他（有給教育訓練、紹介予定派遣など）が挙げられています。

雇用安定措置は、対象者によって派遣元の責務が異なり、同一組織単位に継続三年間派遣される見込みがある労働者の場合、①〜④のいずれかの措置を講じる義務、同一組織単位に継続一年以上三年未満派遣される見込みがある労働者の場合、①〜④のいずれかの措置を講じる努力義務、派遣元に雇用された期間が通算一年以上の労働者の場合、②〜④のいずれかの措置を講じる努力義務とされています。しかし、派遣先の同一組織単位に一年以上の派遣をされる見込みがなく、派遣元での雇用期間が通算一年未満の場合、派遣元は雇用安定措置を講じる必要はありません。

派遣先の直用責任縮減とキャリアアップ助成金拡充　改正前は、派遣先が、受け入れた派遣労働者を直接雇用する義務を負う場合がありましたが、違法派遣以外は削除されました。その一方、正規雇用などへの転換をした派遣先、派遣元へのキャリアアップ助成金が二〇一六年二月一〇日から、有期雇用の派遣労働者から派遣先正規雇用への転換で、一人当たり九〇万円（大企業は七五万円）に拡充されました。

キャリアアップ措置

派遣元は、派遣労働者のキャリアアップを図るため、段階的・体系的な教育訓練とキャリア・コンサルティングを実施する義務を負います。教育訓練計画は、①雇用するすべての派遣労働者を対象とし、②教育訓練は有給かつ無償で、③労働者のキャリアアップに資する内容とし、④入職時教育訓練は必須で、⑤無期雇用労働者への教育訓練は長期的キャリア形成内容とされています。

また、派遣元は、労働者の意向に沿って、フルタイム一年以上の雇用見込み者一人当たり毎年おおむね八時間以上の教育訓練機会付与など、受講機会確保のための各種努力義務を課せられ、訓練実施について派遣元管理台帳に記載する義務を負い、派遣先は、派遣元の教育訓練実施に可能な限り協力、便宜を図る努力義務を負います。

均衡待遇の推進

同種業務に従事する派遣労働者と派遣先労働者の待遇の均衡を図るため、派遣元と派遣先に、それぞれ新たな責務が課されます。法改正前に、派遣元には、この均衡を考慮しながら、賃金決定、教育訓練実施、福利厚生を行なうよう配慮する義務が課せられていましたが、二〇一五年法改正で新たに、待遇確保のために考慮した内容を本人に説明する義務が課せられることになりました。また、説明を求めたことを理由とした不利益取扱いは禁止されます。

派遣先は、同種業務に従事する派遣先労働者の賃金水準の情報を、派遣元に提供するよう配慮する義務を負い、また、派遣先労働者に業務と密接に関連した教育訓練を実施する場合、派遣元から求めがあったときは、派遣労働者にもこれを実施するよう配慮し、また、福利厚生施設の利用機会を与えるよう配慮する義務も負います。さらに、派遣先は、派遣料金額決定にあたって、同種業務に従事する派遣先労働者の賃金水準と均衡を図るものとなるよう努力する義務を負います。

労働契約申込みみなし制度

二〇一二年法改正で導入され、施行が三年後に延期された規定が、二〇一五年一〇月一日から施行されました。すなわち、次の①~④の違法派遣の場合、その時点で派遣先は、派遣労働者に対して、派遣元での労働条件と同一条件を内容とする労働契約の申込みをしたものとみなされることになります。違法派遣とは、①派遣禁止業務の場合、②無許可事業主からの派遣、③期間制限（事業所単位、個人単位のいずれかに）違反の場合、④いわゆる偽装請負の場合です。ただし、派遣先が違法派遣に該当することを知らず、かつ、知らなかったことに過失がなかったときは違法派遣とはされません。

改正法施行日（二〇一五年九月三〇日）より前からの派遣には、改正前の期間制限が適用され、派遣先が制限を超えて派遣労働者を使用するとき、改正前の労働契約申込み義務を負い、改正法のみなし制度は適用されません。派遣元は、派遣労働者に、抵触日（期間制限違反となる最初の日）を明示し、これに併せて、派遣先が抵触日を超えた（期間制限違反の）派遣の受入れを行なった場合、労働契約申込みみなし制度の対象となることを明示する義務を負います。

(3) 二〇一五年法改正のもたらす弊害

二〇一五年法改正は、派遣法の根本的欠陥を改善するどころか、二〇一二年以前に逆戻りする規制緩和を本質としています。労働者保護で世界最低の制度的欠陥を維持しつつ、一挙にその劣悪派遣労働を拡大するものです。その結果は、間接雇用禁止（直接雇用）原則が大きく崩れ、多くの労働者が人間らしく働き、人間らしく暮らすことが難しくなると危惧されます。[*19]

生涯不安定雇用

労働者派遣は、実際の労働力利用者である派遣先が、間接雇用という形式で、解雇規制を潜脱し、事実上、労働者を自由に解雇する目的で導入され、利用されてきました。ＥＵや韓国でも同様ですが、

EUでは、①利用事由（業務の臨時性）の限定（入口規制）と、②利用期間（短期間）の限定、さらに、③①の事由消滅、または②の期間満了による派遣先による直接・常用雇用化（出口規制）を原則として雇用安定を図る措置を前提に派遣労働を容認しています。しかし、日本の労働者派遣法は、世界の派遣法に共通した特徴である「入口規制」がなく、また、「出口規制」もきわめて貧弱です。

二〇一二年改正は、違法派遣の場合の労働契約申込みみなし義務を導入して、派遣先に直接雇用を義務づける「出口規制」を一部導入しました。ところが、二〇一五年改正は、業務区分をなくして、改正前に無期限利用が可能であった二六業務にそろえて派遣先による派遣受入期間の制限を事実上なくすことで、すべての業務で無期限の派遣受入を可能としました。この結果、派遣先での安定雇用を義務づける「出口規制」がなくなりました。

派遣先にとっては、無期限に派遣労働を利用できる一方で、労働者にとっては不安定なまま、派遣先での安定雇用を得られる道が事実上閉ざされることになりました。たしかに、改正法は、派遣元に雇用主としての各種義務を強化しようとしています。しかし、社会的実体としての派遣元は、零細規模業者が多く、許可要件も事務所面積二〇㎡など緩やかなままで、その「名ばかり雇用主」という現状を大きく変える保障はありません。

すべての労働者派遣事業が許可制になることは、むしろ、常用型に代わって、登録型や日雇い派遣など、より不安定な雇用が支配的になって、派遣労働をいっそう不安定雇用にする転機になることが懸念されます。

「均衡待遇」同一労働差別待遇温存の限界

二〇〇八年EU派遣労働指令は「非差別原則」を確認し、派遣労働者と派遣先従業員との均等待遇を規定しました。韓国の二〇〇六年改正派遣勤労者保護法も差別待遇禁止を明記して、派遣元・派遣先に均等待遇を義務づけました。日本の派遣法は、一九八五年制定から二〇一五年改正法まで、この世界標準の均等待遇・差別禁止規定を定めていません。

日本では、企業別労働条件の格差が大きく、間接雇用では、使用者が異なることから派遣労働者の待遇差別の弊害がEUとは比較にならないほどに深刻です。しかし、二〇一五年改正法は、派遣元事業主が、派遣先の同種業務従事労働者の賃金水準や派遣労働者の職務の内容などを勘案し、賃金を決定するように配慮する義務（三〇条の三）を規定するだけです。

この規定は、二〇一二年改正法の三〇条の二として導入された規定をそのまま移行しただけで、その特徴は、①派遣元だけを均衡配慮の義務主体として、派遣先は義務を負わないこと、②均等待遇や差別禁止ではなく「均衡を考慮」して配慮する義務にとどまっています。この「均衡」は「均等」とは明らかに区別され、しかも、内容的にきわめて曖昧な概念です。

派遣法施行三〇年を経て、二六業務では同一派遣先に長い年月にわたって従事する派遣労働者が現れていますが、長く働いて経験を積み、熟練を高めても低劣な賃金のままです。経験の少ない若い正社員との待遇格差が合理的と正当化できない程度に至る例も少なくありません。二〇一二年改正法が導入した「派遣元による均衡待遇配慮義務」はあまりにも中途半端で、差別的な低賃金を改善する機能を果たしていません。

二〇一五年改正法施行で、派遣元で無期雇用などの場合、きわめて長期の派遣労働事例が生ずると予想されますが、その場合にも、派遣先従業員との差別待遇が深刻な問題となるでしょう。

政府、経営者側は、正社員は、多様な業務に対応する「非定型業務」に従事するので、職務給ではなく年功賃金に合理性があり、それに対して、派遣労働者は業務限定であるので職務給的処遇になると、両者の違いを正当化してきました。しかし、二〇一五年改正法は「業務による区分」をなくすことを主旨としていますので、結果として、派遣労働者が、特定専門業務に限定されず、非定型の多様な業務を担当する可能性が拡大します。

すでに、労働者派遣契約などで明示された業務以外を担当する「業務偽装」が問題となっていましたが、二〇一五年改正による「業務区分廃止」によって、正社員と同様に働く派遣労働者が増えることが予想されます。正社員が定年退職した後、その代わりに、多様な業務を担当する派遣労働者を導入したいとする経営者側の期待は非常に大きいです。

二〇一五年改正派遣法は、差別禁止や均等待遇を規定しないまま、派遣労働者に多様な業務を期間限定なく担当させることを派遣先に可能とさせます。その半面、労働者には、正規雇用転換の可能性は狭まり、身分差別的劣悪労働条件で雇用不安定な派遣労働への道が大きく開かれたのです。[*20]

使用者責任回避と労働者の無権利拡大

二〇〇八年末から二〇〇九年の「派遣切り」で、派遣労働者の不安定で無権利な現実が可視化されました。派遣労働の現実は、労働者が最低の労働基準や当然の権利を行使できない「労働法のない世界」です。労働相談からうかがえる現実は、派遣先や派遣先正社員の横暴、ハラスメントや暴行を含めて、派遣労働者を人間扱いしない事例が数多くあります。とくに、日雇い派遣、登録型派遣、特定派遣（系列派遣）など、派遣元が単なる仲介者としての役割しか果たさない場合が少なくなく、数十年前に逆戻りしたと錯覚するほどの人権無視事例も現れています。[*21]

派遣労働の弊害の多くは、法律および契約上の使用者責任が、派遣先と派遣元の二当事者に分裂し、責任の所在が不明確にされることに原因があります。派遣先は、労働者に対して指揮命令の権限を有し、ほとんどの労働時間を事業場で就労させて労働者を実質的に支配下においています。通常の直接雇用関係（二者関係）では、就業の実態から、派遣先こそが使用者として労働者との間に労働契約関係が認められる主体です。しかし、現行労働者派遣法（四四条以下）は、労働基準法など関連する法律上の使用者責任を、単純に派遣先と派遣元に「水平的に」配分し、かつ、主要な使用者責任を「名ばかり雇用主」で、事実上、仲介者でしかない派遣元に負わせています。

派遣先は、労働時間（残業）管理、安全衛生、ハラスメント防止措置など、就業に直接関連する使用者責任を分担するにすぎません。労働者にとっては、自らの労働条件や労働環境について実質的支配力をもつ派遣先が責任を負わず、実体のない派遣元が使用者として「擬制」されるので、労働条件などの改善の道が閉ざされます。二〇一五年改正法は、この構造を変えるどころか、派遣先の責任回避をいっそう助長し、労働者保護をさらに後退させています。

立法的課題としては、使用者責任を現行の水平的配分方式から、派遣先が広範囲に連帯・共同責任を負う「重畳的配分」方式に改めて、実効的な派遣労働者保護を図る必要があります。現行法でも、派遣先に労働組合法上の団体交渉応諾責任を広く認めるべきです。労働委員会と裁判所は、朝日放送事件で、派遣先が交渉に応じるべき事項を限定する判断を示しました。[22] 現行派遣法の使用者責任水平配分の欠陥を直視し、解釈上の争いが生じないように、派遣先の団交応諾責任を確認する立法的解決が必要です。

虚構の概念による労働法・労働行政の形骸化

労働基準法は「事業場」概念に重要な役割を与えています。事業場は、監督行政の対象であり、就業規則作成や労働者代表との労使協定の単位であり、実体的に存在する労働者が集団で就労する工場や事務所を前提にしている概念です。しかし、一九八五年制定の労働者派遣法は、労働安全衛生法関連では、派遣先従業員と派遣労働者をともに所属者とする「事業場」概念を維持しています。派遣労働者は、派遣先の残業命令を受けて派遣先事業場で残業をしますが、労働基準法三六条の過半数労働組合などとの書面による協定（いわゆる「三六協定」）については、派遣元だけに三六条の使用者責任を水平的に配分しました（労働者派遣法四四条）。つまり、派遣労働者については三六協定の締結単位となる「事業場」は「派遣先事業場」ではなく「派遣元事業場」なのです。

その結果、重大な矛盾が生じることになりました。まず、派遣労働者らは、通常、派遣元で就労することはなく、就労場所は数十、数百に及ぶ各地に分散した派遣先事業場であり、混在して就労する派遣先従業員とともに労働者集団を構成しています。しかし、派遣労働者は、そこで就労し、集団を構成する「派遣先事業場」での代表選出に参加できず、フィクション（虚構）でしかない派遣元事業場で協定を結ぶとされます。

たしかに、本業が別にある実体のある派遣会社で、労働者との関係が期間の定めのない契約による常用型が主で、応援出向的な派遣の場合、「派遣元事業場」が実態として存在すると言える場合があるかも知れません。しかし、一般の派遣業者の場合派遣元内部で事務、営業、総務などを担当する「内勤」労働者と、派遣先で働く「外勤」労働者とは区別せず、「派遣元事業場」という、内勤者と外勤者を混同して労働者集団の存在を擬制した「事業場」概念を持ち出すことは虚構にすぎません。[*23]

次に、運用の実際上、数十、数百の派遣先に点在して派遣就労している派遣労働者たちが、派遣元事業場を単位に、自らの代表を民主的に選出することは現実的にはほとんど不可能です。同じ派遣元に所属するというだけで、通常、顔を合わせることもない派遣労働者たちが、一堂に会して自らの代表者を選挙などを通じて民主的に選出できるはずがありません。

労働行政は、派遣元に対して「三六協定の締結を行う者を選出することを明らかにして実施される投票、挙手等により選出された者であること」を求めています。派遣会社の事例では、派遣元が過半数労働者代表候補を指名し、派遣労働者にメールやファックスで信任投票を呼びかける方式で過半数代表を選出しています。しかし、実際には多くの者が投票を棄権し、三六協定は形骸化します。この「派遣元事業場」での三六協定締結は明らかに虚構です。派遣労働者を含めて、派遣先事業場単位で過半数代表を選出すれば解決できるはずです。[*24] 二〇一五年改正法も、この問題点を改善しませんでした。むしろ、二〇一五年改正法は、派遣先事業場の過半数代表を派遣受入期間延長の意見聴取の相手方としていますが、その選出からも派遣労働者を差別的に除外し、この欠陥をいっそう拡大しました。

政府と国会が、労働基準法による労働者保護を派遣労働者については無視・軽視していることを示す象徴とも言える欠陥のひとつであり、労働法の基本にもとづいた法改正が必要です。

＊9　和田肇・脇田滋・矢野昌浩編『労働者派遣と法』(日本評論社、二〇一三年)「第一章」(中島正雄執筆部分) 参照。

＊10　松宮健一『フリーター漂流』(旬報社、二〇〇六年)、風間直樹『雇用融解』(東洋経済新報社、二〇〇七年) など参照。

＊11　「製造業派遣の『二〇〇九年問題』への対応――新たに出された厚生労働省通達の実務への影響を考える」労政時報三七三八号 (二〇〇八年一一月二八日) 五三頁以下など参照。

＊12　宇都宮健児、湯浅誠編『派遣村』(岩波書店、二〇〇九年) 参照。

＊13　和田肇・脇田滋・矢野昌浩編『労働者派遣と法』前掲「第一章第三節」(沼田雅之執筆部分) 参照。

＊14　人材ビジネス大手のパソナ会長である竹中平蔵氏は産業競争力会議委員として、政権内での労働政策に大きな

発言力を有していました。

＊15　法改正に否定的・警戒的な論調としては、「特集　派遣法改正ショック」日経コンピュータ二〇一四年三月号二四頁以下参照。

＊16　安倍政権の労働改革については、伍賀一道『「非正規大国」日本の雇用と労働』（新日本出版社、二〇一四年）、とくに「第八章」参照。

＊17　二〇一五年改正派遣法については、「特集　派遣労働社会」法学セミナー七二一号（二〇一五年）、「特集　労働者派遣法改正」ジュリスト一四八七号（二〇一五年）、高橋賢司「平成二七年労働者派遣法改正法の検討――改正法の問題点とその解釈」季刊労働法二五一号（二〇一五年）五八頁以下参照。

＊18　ドイツ、フランスの派遣法は、派遣労働者が事業所の従業員代表選出に参加する権利を認めている。和田肇・脇田滋・矢野昌浩編『労働者派遣と法』前掲「第四章第一節」「第四章第二節」（大橋範雄、矢野昌浩執筆部分）参照。

＊19　伍賀一道『「非正規大国」日本の雇用と労働』前掲一九一頁以下参照。

＊20　森岡孝二『雇用身分社会』（岩波新書、二〇一五年）、とくに「第五章」以下参照。

＊21　ヨドバシカメラ事件は、違法な二重派遣関係のもとでサービス早出を強制され、短時間の遅刻を理由に暴力を振るわれた青年が出社拒否したところ、母親の面前で凄まじい暴行・傷害を加えられるという事案です。裁判所は高額の損害賠償を命じました（東京地裁判決平一七・一〇・四労働判例九〇四号五頁、東京高裁判決平一八・三・四労働判例九一〇号九〇頁）。

＊22　朝日放送事件・最高裁第三小法廷判決平七・二・二八労働判例六六八号一一頁。

＊23　和田肇・脇田滋・矢野昌浩編『労働者派遣と法』前掲一二七頁以下（武井寛執筆部分）参照。

＊24　西谷敏・脇田滋編『派遣労働の法律と実務』（労働旬報社、一九八七年）一四三頁以下（萬井隆令執筆部分）

参照。

3　職業能力の「見える化」に潜む危険

近年の職業安定行政では、職業能力開発に関する新規施策が次々と導入されています。個々の労働者の職業生活設計を行ない、そこに効果的な職業能力開発を組み込んでいこうとするものですが、これらの施策も労働者側からの発案ではなく、財界の要請に沿って労働者代表が参加しない産業競争力会議などで検討されてきた経過があります。そして、具体化が進むにつれて、労働者本位とはとうてい考えられない問題点が見えてきています。

ジョブ・カードの見直し

「日本再興戦略二〇一四」では、現行のジョブ・カードを見直し、広く普及を図ることが掲げられました。ジョブ・カードは、職業能力開発を中心とした個人の記録を、能力開発施設やキャリア・コンサルタントが客観的に評価しようとするものです。採用選考時の応募書類としての活用も推進されてきましたが、履歴書に加えて職務経歴書が広く定着しているもとで、ジョブ・カードの普及は進まず、職業訓練受講に関しごく限られて使われているのが実態です。

こうしたなかで厚生労働省は、「日本再興戦略二〇一三」をふまえて省内に「キャリア・パスポート（仮称）構想研究会」を立ち上げ、二〇一四年一一月二六日、研究会は最終報告書をとりまとめました。これを受け、労政審職業能力開発分科会は三月二七日、「新ジョブ・カード推進基本計画」（以下、基本計画）を確認しています。

基本計画によって、ジョブ・カードは二〇一五年一〇月一日から「キャリア・プランシート」「職務経歴シート」「職業能力証明シート」などからなる新ジョブ・カード（以下、ジョブ・カード）に移行しています。そのうち、実際に勤務した職業実務の成果を、自己評価と企業評価によって表す「職業能力証明シート」などは応募書類として活用できるほか、必要な情報を選択し、履歴書や職務経歴書としてプリントアウトすることも可能です。ジョブ・カードは、「生涯を通じたキャリア・プランニング」および「職業能力証明」を担うツールと位置づけられ、学生段階から活用するとされました。

ジョブ・カードには職業能力に関する個人情報が多数記載されています。そのため、各種シート上の情報は、個人がパソコンで管理します。どの情報を企業に提出するかは個人の意思にゆだねるとされています。さらにソーシャル・ネットワーク・サービス（ＳＮＳ）上での活用も想定されています。

このように、ジョブ・カードは個人の基本的なツールとされていますが、数多くの問題を指摘せざるをえません。

まず、ＳＮＳでの活用を想定している以上、個人情報が流出する懸念が払拭できません。また、ジョブ・カードは個人が電子的に管理しますが、キャリア・コンサルティングを受ける場合など、ジョブ・カードを第三者によって上書きすることが必要な場合は、電子メールや記憶媒体を通じて、キャリア・コンサルタントなどにデータを一時的に提供します。キャリア・コンサルタントが、ジョブ・カードに必要事項を記入したうえで、データを上書きして本人に戻しますが、パソコンに残ったデータが消去されなければ、第三者の手に個人情報が渡ることになります。

そればかりではありません。最大の問題は、「職業能力証明シート（在職労働者の実務経験の評価用）」によって企業の恣意的な評価結果が押しつけられ、その開示を迫られる危険性がある点です。このシートは、実際に勤務した職業経験について、職業能力をさまざまな項目に細分化して、「A　常にできている」、「B　大体できている」、「C　評価しない」の三段階で、労働者による自己評価と企業評価の双方を行なうものです。労働者が、勤務先での人間関係の苦痛から退職を余儀なくされることはよくあり、経営者や上司が労働者に対し威圧的に接することに耐えられなくなり、やむなく離職するようなケースも数多く存在します。

そうした企業でこの三段階評価が行なわれるとすれば、労働者は一生懸命とりくんでいる仕事なので、AやBに自己評価しようとしますが、企業評価はCとされることも容易に想像できます。そしてこの評価は変更できず固定化して残ることになります。

どの情報を企業に提出するかは個人の意思にゆだねられているため、労働者としては不本意な職業能力証明シートなど開示したいわけがありません。しかし、厚生労働省は新ジョブ・カードの普及を強力に推進し、企業に対し応募書類としての活用を呼びかけています。

過去の勤務先の評価が細かく記載されるシートが存在することを多くの経営者が知ることとなれば、求人に応募する労働者に対して開示の圧力が働くことは間違いありません。応募にあたり、履歴書に記載された職歴については、すべて職業能力評価シートの提出を求め、その結果、恣意的な評価がそのまま選考に利用されることになるでしょう。決して労働者の職業能力に問題はなく、過去の経営者や上司の資質にこそ問題があるにしても、固定された低評価がつきまとう不合理が起きかねず、抜本的な見直しが必要です。

職業能力評価基準の整備

厚生労働省に二〇一四年六月に設置された「職業能力開発の今後に在り方に関する研究会」は、その年の九月に報告書を取りまとめました。それに先立つ二〇一三年九月には、「労働市場政策における職業能力評価制度の在り方に関する研究会」が設置され、二〇一三年三月に報告書を取りまとめています。これらの議論では、職業能力に関する業界検定の整備や、技能検定制度を含む職業能力評価のしくみ全体の見直し、職業能力評価と職業訓練の一体開発を求め、その結果について、ジョブ・カードへの反映および職業紹介における活用などを求めています。

こうした議論と連動して、すでに多くの業種において、職種ごとに四段階の職業能力評価シートが整備されています。中央職業能力開発協会のホームページでは、これまでに整備された職業能力評価基準が公開されています。

たとえば、スーパーマーケット業の「コミュニケーション（店舗）」、レベル2（レベル4が最上位）のシートを見ると、「職務遂行のために基準」として「部下が意見や相談をしやすい雰囲気、体制作りを行い、問題の発生やトラブルを未然に防いでいる」、「部下の健康状態やメンタルヘルスに気を配っている」といった項目が並んでいます。非常に抽象的で、上司によってどのようにでも評価できるように感じます。

図Ⅲ-1は、パン製造業「接客・販売」レベル2の評価シートです。ここにも抽象的な評価基準が並んでいますが、安定所での職業紹介を考えると、不合理な項目があります。安定所を利用する企業は小規模であることが多く、地域のパン屋さんでは、店頭販売を一人で行なうような店舗がほとんどです。

しかし評価基準には「接客対応が不十分、販売が遅すぎるなど、他の販売員の接客・販売行為に不備があった場合には、タイミングよくこれをフォローしている」との項目があります。一人で勤務していては、どれだけ優れた接遇や商品知識を身に付けたとしても、この基準を満たすことはできません。同様に、「どんなに忙しくても一日二回は現金のチェックを行い、トラブル防止に努めている」の項目も、一定時間ごとのレジのチェックは経営者が直接行なうような個人商店では、基準を満たすことはできません。画一的な職業能力評価基準には限界があり、絶対視することは非常に危険です。

また、安定所の職業相談では、相談を通じて求職者の意欲や技能向上の可能性等を総合的に判断し、求人事業主に職員がアピールしていますが、職業能力評価基準の整備は安定所職員の判断を許さず、

図Ⅲ－1

レベル1　レベル2　レベル3　レベル4

ユニット番号　22S017L22

選択 能力ユニット	能力ユニット名	接客・販売
	概　要	自社・自店舗が目指す経営理念などに則しながら、お客様に気持ちよく買い物をしてもらい、お客様満足度を高める能力

共通　製造　販売

能力細目	職務遂行のための基準
①接客	○お客様への思いやりの気持ち（ホスピタリティの精神）を絶やさないとともに、自ら率先して、売り場全体がそのような雰囲気に包まれるように周囲に働きかけている。 ○商品であるパンを販売する行動に心がこもっており、「お客様の目を見て」「両手で」「笑顔で」「ゆっくりと」「言葉を添えて」など、周囲の規範となる行動を常にとっている。 ○自社のルールに定められた接客対応ができ、また、突発的な事態が生じた場合にも、その時々の状況やお客様のニーズを汲み取って、お客様の立場に立った柔軟な対応を行っている。 ○お客様の顔や名前、好みを覚え、適宜話しかけることで、お客様が親しみを持ってまた来店していただけるような関係を築いている。 ○接客対応が不十分、販売が遅すぎるなど、他の販売員の接客・販売行為に不備があった場合には、タイミングよくこれをフォローしている。
②陳列	○温度、湿度、風向きなど、商品の品質に影響を及ぼすような環境条件について理解し、それに応じた陳列を行っている（例：直射日光を避ける、埃が舞いがちな風通しのよい場所を避けるなど）。 ○お客様が一度に見渡せる品目数（20品目程度）に配慮した陳列を行う、ある棚の中で主力商品にお客様の注目が最初に向かうような陳列を行うなど、お客様の行動特性を理解したうえで陳列を行っている。 ○時間帯ごとのお客様の特性や販売動向に合わせた陳列を行っている。
③包装	○駅やバス停付近の店舗など、お客様が急いでいる店舗では、決められた時間内に、手際よく、かつ、丁寧な包装に努めている。 ○（1つ1つ個別に包装することを望むお客様、温かいものでもビニール袋の包装を好むお客様など、お客様の包装ニーズは一様ではないことから）お客様の包装に関する要望を確認し、それに応じた包装を行っている。
④販売事務	○材料などを購入する際には、現金管理・帳簿作成の面から、レジの現金は使わない、あるいは使わないように周囲に徹底している。 ○どんなに忙しくても1日2回は現金のチェックを行い、トラブル防止に努めている。

●必要な知識

1．自社商品に関する知識 2．自社の販売戦略に関する知識 3．販売技術に関する知識 4．お客様に関する知識 5．陳列に関する知識 6．包装に関する知識 7．販売事務に関する知識	

基準を満たすかどうかが求人応募の条件とされかねません。職業相談・紹介の人材ビジネス活用施策が進められているなかで、職業能力評価基準を満たしていなければ、人材ビジネスのキャリア・コンサルタントなどによって高額な有料セミナーなどの受講に誘導されかねません。職業能力評価基準の整備は、人材ビジネスにとってはビジネスチャンスの拡大であるとも考えられます。

もとより、こうした基準を各企業内でカスタマイズしたうえで、社内の人事評価に活用する余地はあるかもしれませんが、安定所の職業紹介にはとうていなじむものではありません。

セルフ・キャリアドック

二〇一五年の日本再興政略の改訂では「未来を支える人材力の強化」の項において「セルフ・キャリアドック（仮称）の導入促進」を掲げられました。これは「経済社会環境の変化に先手を打って対応していくための社会インフラとして、働き手がみずからのキャリアについて主体的に考える習慣を身につける環境を整備することが重要」として、「（労働者が）定期的に自身の職務能力を見直し、今後、どのようなキャリアを歩むべきかを確認した上で、身に付けるべき知識・能力・スキルを確認する機会を整備する」ものとされています。

二〇一五年一月二九日の産業競争力会議雇用・人材・教育ワーキング・グループの会合において、金丸恭文（株）フューチャーアーキテクト代表取締役会長兼社長は、「肩をたたかれて『あなたはキャリアを診断してきなさい』と言われてしまうと、ドキッとしてしまいネガティブだが、社員の体の健康のために健康保険組合と併せて支援している人間ドックのように、年に一回定期的に全員が見直すということをやっていれば、先手が打てるのではないかということ」と発言しています。労働者に対し人間ドックと同様に、自己負担でキャリア診断を受診すべきと主張しているのです。

セルフ・キャリアドックによって実施しようとするキャリア診断は、これまで大量解雇を実施する企業が、解雇する労働者の再就職支援を人材ビジネス業者に委託するなかで行なわれてきました。

そこでは「職務経歴の棚卸し」などとして、労働者にみずからの職業能力のうち、「市場価値」のある能力がどれだけ少ないかを自覚させ、現在の収入とは関わりなく、労働市場においていかに価値が低いかを納得させることに活用されてきました。今回のセルフ・キャリアドックも、そのような作用を持つことが懸念されます。

すでに、セルフ・キャリアドックを新たに導入する企業に対しては、キャリア形成助成金として最大五〇万円（中小企業以外は二五万円）を支給する制度が運用されています。企業が自社に体制を備えない場合は、人材ビジネスなどのキャリア・コンサルティングを活用し、労働者が支払った費用の一部を雇用保険教育訓練給付で支給することが決定されています。

若者雇用促進法の施行

二〇一五年九月、第八九回国会において、勤労青少年福祉法の一部を改正する法律案（若者雇用促進法）が成立しました。この法律は、適職選択のための取組促進として、新卒者などの募集を行なう企業に対し幅広い情報提供を努力義務化し、求職者から求めがあった場合には、「募集・採用に関する情報」、「労働時間に関する情報」、「職業能力の開発・向上に関する情報」の三類型ごとに一つ以上の情報提供を義務化しています。また、安定所は、一定の労働関係法律違反の求人者について、新卒者の求人申込みを受理しないことができるとしています。これらについて、若者が適職選択のための情報が得られることとなり、ブラック企業の求人が閉め出されるとの評価が多く聞かれます。しかし、二〇一六年三月より施行された求人不受理や職場情報の提供は、きわめて不十分な内容にとどまっています。

求人不受理の対象は、労働基準法や最低賃金法の主要な条項の違反状況について、①過去一年間に二回以上同一条項の違反について是正勧告を受けている場合、②社会的影響が大きいケースとして公表された場合、③対象条項違反により送検され、公表された場合とされています。不受理期間は、①と②の場合は法違反が是正されるまでの期間に加え、是正後六か月、③の場合は送検後一年とし、不受理期間経過後に是正状態が維持されていることを確認したうえで不受理を解除するとしています。また、男女雇用機会均等法や育児介護休業法の違反についても対象としており、法違反の是正を求める勧告に従わず、公表された場合、法違反が是正されるまでの期間に加え、是正後六か月を不受理期間としています。

労働者の権利を侵害する「ブラック企業」を、新卒求人から排除しようとするものですが、「過去一年間に二回以上同一条項違反によって是正勧告を受けている場合」は、決して多くはありません。

労働基準監督署が是正勧告を行なえば、その是正に向けて指導を重ねるものであり、通常、二回三回と是正勧告を行なうことは想定されません。

不受理の対象を事業場単位としている点も問題です。新卒求人の多くは企業単位で行なわれ、本社一括で提出されます。求人不受理の対象事業場を有する企業から求人申し込みがあった場合の取り扱いは、就業場所に違反事業場を含まないことを条件に受理することとされています。しかし、法違反を企業全体の問題と受け止め、どこの事業場でも法違反を起こすことのない法令遵守の風土醸成を促すなら、企業全体の求人を不受理とすべきです。

職場情報の提供については、応募者等から求めがあった場合、三類型ごとに一つ以上の情報提供を義務化しました。政令によって三つの類型ごとに提供する項目を列挙し、提供を求められた企業は、列挙された項目から一つ以上を選択して提供することとしています。

たとえば、「募集採用に関する状況」との類型では、「過去三年間の新卒採用者数・離職者数」、「過去三年間の新卒採用者数の男女別人数」、「平均勤続年数」を挙げています。このなかから一つを選択して提供すれば良いというものですから、離職状況を知りたくて情報提供を求めても、採用者の男女別内訳しか示されないこともありえます。これでは知りたい情報が開示されるとはとうてい言えません。

「雇用管理に関する状況」においても、所定外労働時間の実績を知りたくて情報提供を求めても、管理職の女性割合が開示されることがありえます。このように、職場状況の提供は、若者の求める情報を企業に提供するよう求めるという趣旨に照らせば、あまりに不十分と言わざるをえません。

企業の情報開示や求人受理はきわめてゆるやかであるのに対し、法律のもう一つの柱である「職業能力の開発・向上及び自立の促進」については、求職者の情報開示（職業能力の「見える化」）を強く打ち出しています。労働政策審議会職業能力開発分科会「労働者の職業能力の開発及び向上を促進する労働市場インフラの戦略的強化について（報告）」（二〇一五年一月二三日）では、次のように記述されています。

ジョブ・カードについては、「生涯を通じたキャリア・プランニングのツール及び職業能力証明のツールとして見直しを行うことが適当である。また、周知・活用を促進するため、国が活用の好事例を示すとともに、労働市場の中で認知され、活用されるようその位置付けを明確にした上で、企業や企業団体への周知・活用を促進することが必要である」とし、職業能力評価制度についても、労働市場における「『産業界が求める職業能力』と『労働者各人の有する職業能力』との円滑なマッチングに資するものであり、企業の生産性向上や労働者の処遇改善にもつながりうることから、職業訓練の充実とあわせ、職業能力評価制度の一層の整備をはかる必要がある」としています。

結局、企業の情報開示を「見える化」する方向はほとんど進まない一方、「労働者各人が有する職業能力」を「見える化」する方向を強化するものです。企業のための「見える化」の推進は、企業（使用者）優位の労働市場の形成を促すものであり、労働者は不足する能力を口実に、低賃金、不安定雇用を強いられるおそれがあります。そして、能力開発の自己責任化の促進は、労働者の技能向上に向けた企業責任を免れさせる一方、人材ビジネスに格好のビジネスチャンスをもたらすことになります。

若者雇用促進法にもとづき、若者の採用・育成に積極的で、若者の雇用管理の状況などが優良な中小企業に認定を与えるユースエール認定制度が発足しました。認定を受けると、認定マークをホームページや印刷物に表示してPRできるほか、安定所は求人情報を求職者に案内し、面接会などを開催するなどの優遇措置が受けられます。

さらに各種助成金（キャリアアップ助成金、キャリア形成促進助成金、トライアル雇用奨励金、三年以内既卒者等採用定着奨励金）の加算が受けられます。しかし、認定に必要な要件を見ると「過去三事業年度の新卒者などの正社員として就職した人の離職率が二〇％以下」、「前事業年度の正社員の月平均所定外労働時間が二〇時間以下または週労働時間が六〇時間以上の正社員の割合が五％以下」、「前事業年度の正社員の有給休暇の年平均取得率が七〇％以上」など、正社員の雇用管理を要件としています。認定要件が正社員の状況に限定され、非正規職員の雇用管理は不問としていることは問題です。セクハラやパワハラが横行し、非正規労働者を使い捨てていても「優良企業」として認定しかねないものとなっています。

週労働時間六〇時間以上の正社員割合五％以下の要件は、過労死ラインを越えて働く労働者の存在を五％まで容認するもので、適当ではありません。「重大な労働関係等法令違反を行っていないこと」の要件についても、実効性を確保するには申請事業場に臨検監督を行なったうえで認定することが必要と考えますが、「重大な労働関係等法令違反を行っていることが明らかになっていない」ことのみで認定を行ないます。

【コラム】「正規、非正規」「公務、民間」を超えた連帯

「非正規労働の職場のなかでもっともたちの悪い現場は?」と問われた時、真っ先にあげたいのは、公務公共職場の外部委託先だ。賃金未払いや最低賃金割れ、パワハラ、契約に違反する再委託など、その無法地帯ぶりはすさまじいものがある。

最近、私が取材で足を運んだのは、厚生労働省が所管する日本年金機構の外部委託先。同機構は全国各地にある事務センターの入力業務の一部を外部業者に委託しているが、このうち福島と和歌山、大分の三か所の事務センターの委託業者が二〇一五年二、三月の両月にわたって社員一一〇人分の賃金を払わないまま、彼らを解雇したことが発覚した。

さらに、この委託業者は契約で禁止されている再委託を行なっていたことも判明。社員らは契約上は二次委託業者に雇われていたが、同時に一次委託業者に対しても「指揮命令に従う」との趣旨の誓約書を提出させられていた。さらに、職場では一次委託業者の社名が刻印された名札を付けることを強いられるなど、現場は業者側のやりたい放題だった。

一方で委託料は異常なほどの低水準。たとえば、和歌山事務センター分の委託料は四二二六万円(二〇一四年一〇月〜二〇一五年九月の一年間)だったが、これを月額に換算すると約三五二万円になる。これに対して、社員全員の未払い分給与額は二月分が約四一八万円、三月分が約四〇二万円だ。

つまり、この委託料では人件費すらまかなえない。

社員のほとんどが三か月ごとの更新を繰り返す非正規労働者。彼らの一人は「委託業者が年金を食い物にする悪徳業者であることは間違いない。でも、もっと悪いのは年金機構と厚生労働省。安けりゃ、どこでも落札させるのか」と憤っていた。

また、外部委託の現場では、入札で委託業者が変わると、働き手が新規事業者に移籍する、いわゆる「居ぬき」という手法が常態化している。働き手にとっては仕事内容は変わらないのに、雇用主だけが何度も変わり、そのたびに賃金が下がったり、有給休暇が消滅したりする。年金機構の委託先でも、今回問題になった委託業者が四社目だという人がいた。

本来なら、「民」の労働条件の相場を崩さないためにも、一定の契約水準を保つべき「公」の足元で、「民」以上の「安かろう、悪かろう」がまかりとおっている。過酷な労働条件のもと、生活保護の受給やダブルワークを余儀なくされている働き手もいるのである。

大阪市の地下鉄清掃をしていた男性は生活保護を受けていたし、同じく大阪市水道局の委託先で働く五〇代の男性は民間企業のデータ入力などの仕事を副業にしていた。自治体庁舎の清掃と飲食店アルバイトの組み合わせで生計を立てていた二〇代男性もいた。

ちなみに、この大阪の五〇代男性は橋下徹前市長の政界引退をひどく残念がっていた。また、二〇代の男性は政治に興味はないが「小泉（純一郎、元首相）さんだけはカッコよかった。彼ならもう一度、首相になってくれてもいい」と話す。

このように書くと、「橋下市長の支持基盤は富裕層や中間層である」「小泉元首相を支持したのは非正規だけではない」といった批判を受けることがある。たしかにそのとおりなのだ。ただ、富裕層に属する人びとがみずからにメリットのある政策を進める政治家を支持するのは当然のことで、そこに意外性はない。

一方、非正規層が公共サービスの民営化や非正規労働の拡大を推し進めた政治家の再登板を切望する「現実」は、私にとって驚きであり、そうした意外な現象に注目し、原因や背景を追究することこそが記者の役割だと思っている。

公務公共の現場でもう一つ気がかりなのは、一部で非正規労働者の無期転換が進んでいることだ。日本年金機構の「特定業務職員」、日本郵政の「一般職」などがそれにあたる。無期化自体は労働組合の取組みの成果でもあり、歓迎すべきなのだが、こうした新たな職種では、福利厚生や賃金水準などが既存の正規労働者よりも低く抑えられる傾向にある。

日本郵政のあるベテラン期間雇用社員は一般職になると、時給換算で四〇〇円以上もダウンすることがわかり「今の生活さえ維持できない」と無期化の登用試験は受けなかったという。無期雇用になっても、賃金が非正規労働者時代よりも下回るなど本末転倒もはなはだしい話だ。

同様の動きは大手生命保険会社や金融機関など民間でもみられるが、ここでも無期化=正社員ではない。正規・非正規の境界をあいまいにすることで働き手のさらなる分断を進め、「永久に安く使える」働き手をつくり出す動きが官民で同時に進んでいるようにもみえる。

自治体の外部委託先の働き手に話を戻すと、彼らは公務公共職場を支える労働者であると同時に、民間企業の労働者でもある。そう考えると、もはや公務、民間という線引き自体が意味を失いつつあるのかもしれない。労働市場政策が激変するなか、「正規、非正規」「公務、民間」といった従来の枠組みを超えた連帯の模索が求められている。

Ⅳ章

良質な雇用を創出するために

1　いま労働市場政策に何が求められているか

(1)　自己責任論をのりこえる

失業と貧困を除去し、人間の尊厳にふさわしい、まともな職を提供することが生存権、労働権保障に依拠する労働市場政策（雇用・失業政策）の基本原則です。日本国憲法（二五条、二七条）や国連「世界人権宣言」（一九四八年）[*1]はこうした原則を明記しています。どのような仕事であっても、仕事がないよりはマシというわけではありません。働き方・働かせ方にかかわるルール（労働基準）と労働市場政策とは一体の関係です。

資本主義の誕生以来、長期間にわたって失業の原因は本人の怠惰にあると考えられていました。こうした自己責任論は今日でも繰り返し登場しています。自己責任論に立つ限り、生存権や労働権の保障にもとづく労働市場政策は否定されるか、きわめて限定的にならざるをえません。

自己責任論は働き口を得ることのできない人びとや、リストラされた労働者に対して、意欲の欠如や能力不足を批判し、本人の落ち度を見つけ出そうとします。「ブラック企業」で消耗品のように使い捨てられ、ようやく生活保護にたどりついた若者に、バッシングを加えて生活保護から追い出し、再び「ブラック企業」への就労を迫ろうとします。これでは雇用の劣化や働き方の貧困をなくすことはできません。

Ⅳ章では、人間の尊厳にふさわしい、まともな雇用と働き方の実現をめざして、これまでの章で明らかにした失業と貧困の社会的、経済的、制度的要因をふまえて政策課題を提起します。

(2)「良質な雇用」の危機とディーセント・ワーク

グローバリゼーションによるマイナスの作用

多国籍企業が主導するグローバリゼーションのもとで、各国で労働条件の引き下げ競争が激化し「良質な雇用」が脅かされています。一国内の政策ではこうした状況に対応することが難しくなりました。

ＯＥＣＤはすでに一九七六年に「多国籍企業に対する勧告」を策定し(二〇〇〇年改定)、企業が国境を自由に越えることで労働者の権利侵害をもたらすことを規制する指針を示しました。また、九九年に国連のアナン事務総長が提唱した「グローバル・コンパクト」は参加企業に対し、「人権」、「労働基準」、「環境」の分野にわたる九原則を支持・実践するように要請しています(今日では「腐敗防止」が加わり一〇原則)。この「労働基準」のなかには、組合結成の自由と団体交渉権の実効化や、雇用と職業に関する差別撤廃などが含まれています。[*2]

ディーセント・ワークの提起

ＩＬＯはグローバリゼーションがもたらす労働条件の切り下げ競争に歯止めをかけ、人間の尊厳にふさわしいまともな雇用と働き方・働かせ方を実現するために九九年の総会でソマビア事務局長が「ディーセント・ワーク」の実現を提起しました。今では各国の労働組合のみならず、政府も使用者団体もディーセント・ワークという言葉を用いるようになりました。その意味するところは「人間の尊厳にふさわしいまともな働き方」です。[*3]

ＩＬＯがディーセント・ワークを提起した背景には、九七年〜九八年にかけてアジア、ロシア、ラテンアメリカで国際的な通貨危機が連鎖的に発生し、ＩＭＦがこれへの支援と引き換えに債務国に要求した「構造改革」や財政緊縮政策によって、経済的混乱が拡大し、国際労働基準が脅かされたことへの警戒がありました。

インフォーマル経済からフォーマル経済へ

二〇〇二年のＩＬＯ第九〇回総会では「ディーセント・ワークとインフォーマル経済」をテーマに一般討議が行なわれました。これはグローバリゼーションが進むとインフォーマル経済と不安定雇用が拡大し、ディーセント・ワークの実現が困難になるという認識にもとづいています。一般にインフォーマル経済は途上国に多く見ることができます。たとえば、街頭での物売り・靴磨き、スクラップやくず拾いや、小規模店舗・修理屋、さらに衣料・刺繍・食料などを製造する家内労働などが例としてあげられています。

二〇一三年四月にバングラディシュの縫製工場が崩壊し、一一〇〇人を超える女性労働者たちが死亡する大事故が発生しました。この工場は先進国アパレル業界のグローバル企業の商品製造を担っていました。過酷な労働条件、労働組合結成に対する徹底した弾圧が象徴するように、インフォーマル経済の典型と言えます。

ＩＬＯのインフォーマル経済に対する認識に関して注目されるのは、途上国に限らず、先進国においてもこれが復活する傾向にあると指摘している点です。先進国におけるインフォーマル経済の具体的形態として取り上げられているのは、「フォーマル企業」のパートタイマー、派遣労働者、個人業主、請負労働者、家内労働者、苦汗工場（sweatshop）の労働者、日雇労働者（ただし、職場の権利、社会的保護、集団的交渉権などがある者は除く）などです。

つまり、グローバル経済のもとで人間の尊厳にふさわしい雇用と働き方を脅かされているのは、途上国の人びとのみならず、先進国の労働者も例外ではないというのです。私たちは二〇〇八年秋から〇九年にかけて日本国内で急増した派遣切りや非正規切り、それに対する「年越し派遣村」の運動をとおして直接的、間接的にこのことを経験しました。

グローバリゼーションがもたらす破壊的作用から労働者（被用者のみならず、自営業主や研修生、実習生を含む）を守り、良質な雇用を増やすため、ＩＬＯはディーセント・ワークの具体化に向け、年次総会のたびに報告書を作成し、討議を重ねてきました。[*4]

二〇一五年の第一〇四回総会では、インフォーマル経済からフォーマル経済への移行に関する勧告（第二〇四号）を採択しました。フォーマル企業でインフォーマルな仕事に就いている労働者や、雇用関係が承認・規制されていない労働者だけでなく、雇用主・自営業者・協同組合関係者をも対象に含めて、人間らしく働きがいのある仕事（ディーセント・ワーク）と企業の創出・維持・持続可能性を提起しています。

具体的には、①労働者の基本的な権利を尊重し、所得保障・生計・起業家精神のための機会を確保しつつ、労働者や経済単位（労働者を雇用する企業、自営業者、協同組合など）のインフォーマル経済からフォーマル経済への移行を円滑化する方法、②フォーマル経済における人間らしく働きがいのある仕事と企業の創出・維持・持続可能性、そしてマクロ経済政策・雇用政策・社会的保護政策・その他社会政策の整合性を促進する方法、③フォーマル経済の仕事のインフォーマル化を防止する方法について加盟国に手引きを提供することなどです。[*5]

途上国型のインフォーマル経済は、一九五〇年代から六〇年代前半にかけて日本でも広く見られました。たとえば、行商人と露天商、出稼ぎ労務者、家庭内職者、日雇労働者、水上生活者などです。[*6]高度成長を経て、こうした就業は減少していったのですが、八〇年代頃より、ＩＬＯの言うフォーマル企業のなかでインフォーマルな雇用や働かせ方が目立つようになりました。

本書で取り上げた非正規雇用のなかにはインフォーマルな部類に入るものが見られます。ＩＬＯ二〇四号勧告は、途上国型、先進国型の双方のインフォーマル経済の肥大化に警鐘をならし、ディーセント・ワークの実現へ向けた各国の努力を求めています。

ＩＬＯ総会では日本の使用者代表（日本経団連）もこの勧告に賛成したのですが、もっぱらインフォーマル経済は途上国に限定されるかのように捉えています（週刊経団連タイムズ二〇一五年七月二日号）。しかし、それは一面的な理解と言わねばなりません。

繰り返しになりますが、ＩＬＯのインフォーマル経済に対する改革は、先進国における労働基準の引き下げ競争が生み出した不法な労働実態をも対象としたものです。日本で社会問題となっているブラック企業やブラックバイトも先進国型のインフォーマル経済の事例として位置づけることができるでしょう。

ディーセント・ワークの具体化

ディーセント・ワークの概念は、ＩＬＯのさまざまな場での討議を経てより具体化されています。二〇一二年五月、ＩＬＯはディーセント・ワークの四つの戦略目標（完全かつ生産的雇用、職場における権利、社会的保護、社会対話の促進）に関連して、以下の一〇の実質的要素を示しました。

①雇用機会、②十分な所得と生産的な仕事、③まともな労働時間、④仕事、家族、個人的生活の結合、⑤排除すべき労働、⑥仕事の安定と安全、⑦雇用における平等な機会と処遇、⑧安全な労働環境、⑨社会保障、⑩社会的対話、などです。[*7]

これを要約すると、①まともな雇用、②まともな賃金、③まともな労働時間、④劣悪な労働条件を拒否できる条件の整備、失業時の生活保障（「失業する権利」）、⑤社会保障、⑥使用者と対等に交渉できる労働者の権利などにまとめることができるでしょう。とりわけ、①から⑥までの相互の関連が重要で、どれか一つが欠けてもディーセント・ワークの実現は危うくなります。

(3) 労働市場政策の課題

ＩＬＯのディーセント・ワークの提起を日本において具体化するには、さしあたり次の課題の実現が求められています。

① 労働時間の明確化、抜本的短縮、インターバル時間（勤務と勤務の間の最低休息時間）の確保
② 非正規雇用のリスク縮小措置（間接雇用と有期契約の制限、無期雇用への転換）
③ 最低賃金の実質化
④ 均等待遇、同一価値労働同一賃金原則の確立
⑤ 失業時の生活保障（雇用保険制度の適用範囲の拡大、失業給付水準の引き上げ、求職者保障制度の創設）
⑥ 職業訓練・能力開発の条件整備、人材ビジネスの規制、公的職業紹介の充実
⑦ 職場における労働組合の発言権・交渉権の確保

これらの課題のうち、②、④、⑥については後でくわしく取り上げますので、ここではそれ以外の項目について手短かに触れることにします。ただし、⑦は労働市場政策の範囲を越える課題でもあるため、ここでは触れません。ディーセント・ワークの柱の一つである社会保障を構想する場合には、子ども、高齢者、傷病・障がい者などの所得保障の課題も含める必要がありますが、これも省略します。

労働時間短縮による雇用創出

いま従事している仕事を人間の尊厳にふさわしい働き方に改革し、新たに仕事をつくり出すうえでの基本は一日八時間労働をはじめとする労働時間の規制や短縮です。一人の労働者が一日に一六時間も働くことを容認すれば、二人分の労働者が必要な部署を一人に減らすことができます。残業手当を支払ったとしてもコストが安くつくため、労働時間規制が不十分な場合にはこうした状況が広がります。日本では必要な人員増を抑えているため、好況期ばかりか、不況期も通して時間外労働が恒常化しています。

表Ⅳ-1（一六五頁）は二〇一四年の「労働力調査」と「賃金構造基本統計調査」をもとに、正規労働者の年間労働時間および残業時間などについて示しています。年間実労働時間は二二四二時間、残業代を含む支払労働時間二一三六時間、その差一〇六時間は不払い残業時間（サービス残業）です。正規労働者総数（三二七八万人）を掛け合わせれば、年間不払残業時間の合計は三四億七四六八万時間になります。この不払い残業を解消するだけで一六三万人の雇用を創出できます[*8]。さらに、正規労働者の年間実残業時間（二七四時間）を半分に減らせば、雇用創出効果は二一三万人に増えます。

また、労働者が年次有給休暇を完全取得すれば、労働者増加につながることは言うまでもありません。日本の労働者（パートタイマーを除く常用雇用）の年休取得率は一九九九年以降、五割を下回ったままです（二〇一三年実績、四八・八％）。全労連・労働総研編『二〇一五年国民春闘白書』の試算では年休完全取得によって一四七万人（二〇一三年分）の雇用増加が見込まれるとしています。

少し古いデータ（二〇〇九年時点）ですが、国土交通省は有休完全取得による経済効果として一八七・五万人（新規雇用者数五五万人＋代替雇用者数一三二・五万人）の雇用創出がみこまれると試算しています[*9]。まともな雇用を増やす基本は労働時間の短縮および年次有給休暇の完全取得がもっとも効果的といえます。

最低賃金制の実質化

すべての労働者に「まともな賃金」を保障するには最低賃金制の実質化がとりわけ重要です。ところが、日本の地域別最低賃金の水準は、世帯のなかで他に主たる生計支持者（たとえば夫や親）がいることを前提とした「家計補助型」の主婦パートや学生アルバイトを前提として算出してきたため、最低賃金水準では子どもがいる場合はもとより、単身者でもその生活を支えることは不可能な状態が続いてきました。

表Ⅳ-1　賃金不払い残業の解消および残業時間半減による雇用創出規模の試算（2014年）

A	年間実労働時間	2242時間	正規労働者の月間就業時間（186.8時間）×12（「労働力調査（詳細集計）」）
B	年間支払労働時間	2136時間	正規労働者の月間実労働時間178時間（所定内実労働時間164時間＋超過実労働時間14時間）×12（「賃金構造基本統計調査」雇用形態別集計）
C	年間所定労働時間	1968時間	正規労働者の月間所定労働時間（所定内実労働時間164時間）×12（「賃金構造基本統計調査」雇用形態別集計）
D	年間実残業時間	274時間	A－C
E	年間支払残業時間	168時間	正規労働者の月間所定外労働時間（超過実労働時間14時間）×12（「賃金構造基本統計調査」雇用形態別集計）
F	年間不払残業時間	106時間	D－E
G	年間不払残業総時間	34億7468万時間	F×正規労働者3278万人（「労働力調査（詳細集計）」）
H	不払残業解消による雇用創出量	163万人	G÷B
I	年間実残業時間を半分に短縮した場合の年間実労働時間	2105時間	C＋137時間（D÷2）
J	年間実残業時間を半分に短縮した場合の雇用創出量	213万人	（137時間×正規労働者3278万人）÷I

（出所）「労働力調査（詳細集計）」（2014年）および「賃金構造基本統計調査」（2014年）の「民営企業および公営企業の正社員・正職員」のデータをもとに作成。作成に際して森岡孝二『過労死は何を告発しているか』（岩波書店、2013年）表3－2を参照した。

二〇〇七年の最低賃金法の改正により、「労働者の生計費を考慮するに当たっては、労働者が健康で文化的な最低限度の生活を営むことができるよう、生活保護に係る施策との整合性に配慮するものとする。」という規定が地域別最低賃金の原則に加えられました。生活保護費と最賃額との逆転現象の解消が当面の課題となりました。生活保護基準を時間額に換算する際、厚生労働省は月間労働時間について一七三・八時間を用いていますが、これは公正な計算方法とは言えません。

一週四〇時間労働をもとに年五二・一四週（三六五日÷七日）働くと仮定し、その合計時間（二〇八五・六時間）を一二か月で割って算出しているのですが、これでは週休二日制の場合、祝日や盆、正月休みなしに働かなければなりません。

さらに、生活保護基準と最低賃金を比較する際には、名目の最賃額をおよそ一・四倍した額と生活保護基準を比べなければ実態とかけはなれたものになることに留意しなければなりません。[*10] なぜならば、生活保護基準は非課税かつ社会保険料免除で、生活扶助に加えて医療扶助や住宅扶助の給付もあります。

実際、非正規労働者のなかには賃金だけでは生活を維持できず、生活保護を受給してなんとかしのいでいる事例が珍しくありません。非常勤教員や公務職場の非正規労働者のなかにもこうしたケースがあります。

非正規労働者のほぼ半数は自身の賃金が主な収入源になっていること、[*11] また夫婦共に非正規雇用の世帯が全国で一〇〇万世帯に迫っていることなど[*12]を考えると、最賃額を算出する際に、「家計補助型」の非正規雇用を前提にすることは非現実的です。「健康で文化的な最低限度の生活を営むことができる」生計費に立って、最低賃金水準を抜本的に引き上げる必要があります。

民主党政権時代に最低賃金額について、政府、日本経団連、連合は「できるだけ早期に全国最低八〇〇円、二〇二〇年までに平均一〇〇〇円」に引き上げるという目標で合意をしました（二〇一二年）。この実現のためには現行の最賃額の大幅な引き上げを急ピッチで進めなければなりません。二〇一一年六月、神奈川県内の労働者六八人が「生活保護を下回る最低賃金額は違憲」として一〇〇〇円への引き上げを求めて横浜地裁に提訴しました。生存権保障と労働権保障を結合した新たな裁判闘争です。二〇一六年二月横浜地裁は、訴訟要件を満たさないという形式的理由で、原告の訴えを却下する判決を下したため、原告は東京高裁に控訴しています。

時給一〇〇〇円未満で働いている短時間就労の非正規労働者は二〇一四年時点で四五七万人、短時間非正規雇用（七一六万人）の七割近くを占めています（「賃金構造基本統計調査」二〇一四年）。現行の地域別最低賃金制を全国一律最低賃金制に改めて、最賃額を一〇〇〇円に引き上げるとこれらの労働者の所得引き上げに直結するでしょう。

最低賃金額を引き上げるとともに、雇用の細切れ化を解消することも肝心です。「非正規に支配的な時給という賃金形態は、しかるべき労働時間を就労できなければ、月単位となっている生活費を確保できないという基本的問題がある」からです。[*14]

アメリカのファスト・フード労働者の最賃闘争

最低賃金制の抜本的改革を進めるには労働組合運動と地域の住民運動の連携がとても重要です。最賃額を引き上げることは地域の消費を拡大し、地域経済の活性化につながります。近年、アメリカでは最賃額の引き上げを求める運動がめざましく高揚しています。日本の労働組合もこうした取組みから学ぶ必要があるでしょう。アメリカの相対的貧困率は一五％（二〇一二年）と高水準のままです。

ウォール街を占拠した「九九％運動」（二〇一一年）が象徴するように、貧富の格差はとりわけ顕著です。アメリカ国民のうち一％の最富裕世帯の所得は平均的ミドルクラスの世帯に比べ二八八倍にもなるとのことです。[*15]

現在のアメリカの全国一律最賃額は七・二五ドル（二〇〇九年七月施行）ですが、最賃額の引き上げをめざす労働運動は州レベルの最賃額の引き上げをもたらしています。二〇一四年にはアラスカ、アーカンソー、コネチカットなど一四州とワシントンＤＣで最賃引き上げが決まりました。アラスカ、アーカンソー、ネブラスカ、サウスダコダの各州の場合、共和党が強いこともあって州議会による議決ではなく、同年一一月の中間選挙時に行なわれた住民投票で決まりました。アラスカ州は一六年一月に九・七五ドルに引き上げられることになっていますが、この時点で州単位としてはもっとも高い水準になります。[*16]

ファスト・フード労働者の最低賃金を時給一五ドル（一ドル＝一二〇円の場合、一八〇〇円）に引き上げる運動（fight for $15）の高揚を背景に、ニューヨーク、ロサンゼルス、サンフランシスコ、シアトルでは最低賃金の時給を段階的に一五ドルに引き上げることを決めています（しんぶん赤旗二〇一五年五月三〇日付）。アメリカの運動は世界のファスト・フード労働者の闘いを励まし、日本でも「エキタス」（「正義」、「公正」を意味するラテン語）など若者グループを中心に「時給一五〇〇円」を求める運動が繰り広げられています。

公契約条例の運動

最賃引き上げとともに、公契約条例の制定をめざす運動も重要です。アメリカでは最低賃金よりも高い水準のリビングウエィジ（生活賃金）を求める運動が労働組合と地域住民の協力によって取り組まれてきました。日本では千葉県野田市の公契約条例が最初ですが（二〇〇九年）、今では一五自治体にまで広がっています（公契約条例の他に、指針や要綱も含む）。直近では東京都世田谷区で区議会全会派の賛成によって公契約条例が成立し、二〇一五年四月より施行されています。

公契約条例は、①自治体が発注する事業やサービス（公共事業、業務委託、指定管理者、物品調達など）を担う労働者の賃金や労働条件を技能にみあった適正な水準に維持する、②事業やサービスの質の向上を図る、③過度な入札競争を防止し、業界の健全な育成をすすめ、地域経済の振興に寄与することをめざすものです。

公契約条例は対象事業で就労する労働者の「賃金下限額」を設定することが基本です。最低賃金が生活保護の最低生活水準にも及ばないなかで、公契約条例は地域の賃金水準を引き上げる役割も担っています。最賃額は就労経験のない低技能労働者を含むすべての労働者を対象としているのに対し、公契約の賃金下限は最賃額よりも高く、対象業種・職種の専門性や技能、知識、職責に見合う賃金水準を保障するものです。

具体的な賃金額設定の際には、当該部門の労使代表が参加する会議での審議、答申をふまえて決定するしくみが作られています。ここで決まる賃金水準が、公契約に参加しない業者を含む、当該地域の職種別賃金の最低水準を規制する役割を担うことが期待されています。[*17]

失業時の生活保障

失業時の生活保障が未整備な状態では、人びとは劣悪な条件の仕事であっても就労を迫られるため、ディーセント・ワークに反する事態が広がります。良質な雇用を広げるためには失業時の生活保障制度の拡充が不可欠です。世界人権宣言も「失業に対する保護を受ける権利を有する。」(二三条一項)と定めています。

こうした観点に立つならば、現行の雇用保険制度を抜本的に改革する必要があります。非正規雇用の増加に対応するため、雇用保険の加入要件は「週所定労働時間二〇時間以上、三一日以上雇用が見込まれること」と改正されました(二〇一〇年)。しかしこれでは、週二〇時間未満の短時間就労を二つ以上かけもちしている労働者は雇用保険に加入できません。

また、昼間就学の学生も雇用保険から排除されています。親からの仕送りなしに奨学金とアルバイトで生活費や学費を稼いでいる学生が増えている現状をふまえて、雇用保険加入制限を見直すべきです。

完全失業者に占める失業給付受給者の割合が二割台にとどまっている現状を改めるには、こうした雇用保険の適用範囲の拡大とともに、受給要件の緩和や給付額の引き上げ、給付日数の拡大も必要となります。また、現行の雇用保険制度はモラルハザードの防止の観点から、離職理由によって給付開始までの期間や給付日数に大きな差を設けているため、「自己都合」とは言えない離職者が不当な扱いを受けています。

失業給付の支給開始まで待ちきれず、不安定な仕事に就かざるをえない事態も発生しています。モラルハザード防止措置が労働者をディーセント・ワークに反する就労に追いやるような事態は改めなければなりません。

失業時の生活保障は雇用保険制度だけでは不十分です。①自営業をやめた人や学卒未就業者のように雇用保険に加入できない人、失業給付が終了しても職につけない人などで生活保護基準以下の生活を余儀なくされている人、②失業給付の受給者や追加就業先を探している求職者で、求職者個人の収入が生活保護基準を下回る人を対象に、ハローワークにおいて生活保護の生活扶助に準じた給付を行ないつつ、就職支援を実施する「求職者保障制度」を創設することが求められます（くわしくは、五八頁でも紹介した後藤道夫・布川日佐史・福祉国家構想研究会編著『失業・半失業者が暮らせる制度の構築――雇用崩壊からの脱却』（大月書店、二〇一三年）を参照）。

＊1　「すべて人は、勤労し、職業を自由に選択し、公正かつ有利な勤労条件を確保し、及び失業に対する保護を受ける権利を有する。」（世界人権宣言二三条一項）

＊2　伍賀一道「雇用と働き方・働かせ方から見たＣＳＲ―非正規雇用問題への対応を中心に」都市問題一〇一巻一二号（二〇一〇年）参照。

＊3　ＩＬＯ駐日事務所はディーセントワークを「人間らしいまともな働き方」と訳しています。

＊4　その経過については、たとえば増田正人・黒川俊雄・小越洋之助・真嶋良孝著『国民的最低限保障――貧困と停滞からの脱却』（大月書店、二〇一〇年）を参照。

＊5　ＩＬＯ駐日事務所のＨＰを参照（http://www.ilo.org/tokyo/standards/list-of-recommendations/WCMS_385161/lang--ja/index.htm）。

＊6　これらの詳細は、秋山健二郎・森秀人・山下竹史編『現代日本の底辺』（全四巻、三一書房、一九六〇年）を参照。

＊7　ILO, Decent Work Indicators Concepts and definitions, May 2012

＊8　この計算方式は森岡孝二著『過労死は何を告発しているか』（岩波書店、二〇一三年）表3-2を参照しました。なお、サービス残業の算出について、森岡孝二氏は「労働力調査」と「毎月勤労統計調査」を使用しています。「毎月勤労統計調査」の「一般労働者」のなかには一か月以上の雇用契約で就労する契約社員など非正規雇用が含まれるため、ここでは「毎月勤労統計調査」のかわりに「賃金構造基本統計調査」を用いました。

　また森岡氏は、年間実労働時間を求める際に、「労働力調査」をもとに正規労働者の週間就業時間を五二倍しています。すでに指摘されていることですが、同調査は「月末一週間」を対象としているため、通常週よりも労働時間が過大になる傾向があります。そこで、表Ⅳ-1では「労働力調査」の月間就業時間を用いています。二〇一四年について言えば、年間実労働時間は前者の方式（二三二四時間）と後者（二二四二時間）では八二時間の開きがあります。

＊9　http://www.mlit.go.jp/common/000128668.pdf（アクセス日時、二〇一五年九月二〇日）。

＊10　「ナショナル・ミニマム問題の理論・政策に関わる整理・検討プロジェクト」報告書（労働総研クォータリー二〇〇六年春・夏季号）、金澤誠一『最低生計費調査とナショナルミニマム』（労働総研ブックレット、本の泉社、二〇一二年）を参照。

＊11　厚生労働省「就業形態の多様化に関する総合実態調査」（二〇一四年）によれば、非正規労働者の四七・七％が主な収入源として自分自身の収入と回答しています。

＊12　「就業構造基本調査」（二〇一二年）によれば、夫も妻も非正規雇用という世帯が九六万八〇〇〇件です。

＊13　連合非正規労働センターおよび連合総研が二〇一五年一〇月に実施した「非正規労働者の働き方・意識に関する実態調査」によれば、非正規労働者が主稼得者の世帯では、三四・六％が医療費を、二五・一％が子どもの教育費を切り詰めていると回答しています（http://rengo-soken.or.jp/report_db/file/1453348588_a.pdf：アクセス日時、二〇一六年一月二五日）。

＊14　増田・黒川・小越・真嶋『国民的最低限保障――貧困と停滞からの脱却』前掲書一九〇頁。

＊15　岡田則男「オバマ政権下の『貧困との戦い』」労働総研クォータリー二〇一五年冬号五頁。

＊16　厚生労働省「二〇一四年海外情勢報告」（第2章第2節）および岡田「オバマ政権下の『貧困との戦い』」前掲論文を参照。

＊17　伊藤圭一「賃金闘争における公契約『適正化』運動の意義」月刊全労連二〇一四年九月号、川村雅則「なくそう官製ワーキングプア、進めよう公契約運動」月刊全労連二〇一五年九月号など参照。

2　働く権利を守る雇用法制

一九八〇年代以降、約三〇年間にわたって、日本の雇用社会は大きく変容し、非正規雇用、過労死・過労自殺、ハラスメント、「ブラック企業」など、否定的な現象が蔓延するようになりました。労働法令すら遵守しない労働慣行が広がっても、その違法な現実を追認する規制緩和立法が繰り返されています。労働者を保護すべき労働行政は、経営者側からの強い圧力のなかで本来の機能を果たせていません。

他方、企業主の専制的支配に対抗する職場の労働組合など、労働者集団の弱体化も目立っています。こうしたなかで、労働者の働く権利を守るためには、従来になかった企業横断的な立法や条例による規制を構想することが、重要な課題となっています。

ここでは、働く権利を守る雇用法制の主な論点を指摘します。

人間らしい働き方・あるべき良質の雇用

国際労働機関（ＩＬＯ）は、一九九九年、第八七次国際労働総会の事務総長報告書で、すべての人びとに「自由で、安全で平等で人間の尊厳性が尊重される環境の中で、男女に人間らしく生産的な仕事を提供すること」を最終目標であると述べました。ここで示された目標こそ「人間らしい仕事」、すなわち「ディーセント・ワーク」の保障です。

急速なグローバル化経済の進展によって、世界には繁栄の一方で多様な格差・不平等の否定的な結果がもたらされました。後者は、国家、地域、また、個人や企業の格差として広がり、時間の経過によって、多くの分野で二極化への傾向が顕著となっています。

ディーセント・ワークという概念は、この格差・不平等の結果をもたらしたグローバル化には、労働をめぐる対策に問題があったという認識から出発して、これを解決するために、ＩＬＯなどの従来の議論や努力を結集する目的で提示されたのです。そして、二〇〇八年、第九七回総会で「公正なグローバル化のための社会正義に関するＩＬＯ宣言」が採択され、ディーセント・ワーク実現のための戦略目標が四つ掲げられました。

すなわち、①仕事の創出（必要な技能を身につけ、働いて生計が立てられるように、国や企業が仕事の創出を支援）、②社会的保護の拡充（安全で健康的に働ける職場を確保し、生産性も向上する環境の整備。社会保障の充実）、③社会対話の推進（職場での問題や紛争を平和的に解決できるように、政労使の話合い促進）、④仕事における権利の保障（不利な立場で働く人をなくすため、労働者の権利の保障・尊重）です。[*18] なお、ジェンダー平等は、横断的目標として、すべての戦略目標に関わるとされています。

さらに、従来の安定雇用（常用雇用）に代わって、勤続期間が短い不安定な雇用や、有期労働契約（臨時労働など）が増加してきたことを背景に、一九九五年以降、ＩＬＯ、ＯＥＣＤ、ＥＵでは、「労働の質（quality of job）」の問題が提起され、質測定の基準をめぐる議論が行なわれています。

日本でも、このような「労働の質」をめぐる議論を受けて、良質の労働やディーセント・ワークを具体的に実現するための戦略目標と手順を考えることが緊急の課題となっています。[*19]

「日本的雇用慣行」の光と影

日本では、高度経済成長下の労働力不足という特殊な状況を背景にして一九七〇年代半ば頃までに、独特な「日本的雇用慣行」が大企業・公務員を中心に形成されました。その主な特徴は、①新規学卒者採用と定年までの長期雇用、②企業・職場での職業訓練・技能養成、③賃金・労働条件の年功処遇、④企業による福利厚生でした。これは、安定した雇用と、ライフサイクルに応じた労働条件を保障する点で、労働者とその家族の生活向上に大きな役割を果たしました。

労働・社会関連分野の政策・立法も、この雇用慣行を前提に展開されることになりました。しかし、「日本的雇用慣行」は、この「光」の面と裏腹に多くの「影」の面を有しています。主なものは、①企業規模によって労働条件格差がきわめて大きいこと、②労組が企業別組織であり、労使の力関係が大きく偏って使用者側が強すぎること、③企業による長時間労働や遠隔地配転命令が、とくに男性には当然とされること、逆に、④女性は結婚・出産を機に若年退職し、家計補助的にパートタイム労働者として就労する「男性片働き」の性差別モデルが前提になっています。

そして一九七〇年代後半から、日本経済が低成長期に入ると、この影の部分が大きく拡大して、①

アウトソーシングや間接雇用の拡大、②労働者の健康・生命・尊厳を軽視する労務管理と労働組合無力化、③過労死、単身赴任などによる家庭・個人の生活破壊、④非正規雇用の拡大・増加など、多様な否定的現象が目立つようになりました。

さらに一九八〇年代以降、従来の正社員とは大きく異なる非正規雇用が急増することになりました。一九八五年制定の労働者派遣法は、派遣労働を合法化しましたが、同時に契約社員など有期雇用も広がって、正社員代替のフルタイム非正規雇用形態が急速に拡大しました。現在、派遣社員、有期雇用、パートタイム労働者などの非正規雇用は、①雇用不安定、②差別待遇、③劣悪労働条件、④無権利、⑤孤立という特徴を持っています。とくに、労働組合の多くが、企業別正社員組織にとどまり非正規労働者の組織化に消極的であるため、団結活動への参加もきわめて困難です。

ＩＬＯなどの「労働の質」をめぐる議論からは、「日本的雇用慣行」にもとづく正社員も、その「影の部分」を考えると、とうてい「ディーセント・ワーク」や「良質の雇用」と言うことはできません。とくにパートタイム労働、有期雇用、派遣労働にも「均等待遇」を保障する「非差別」原則を確立しているＥＵ諸国と対比したとき、日本は、あまりにも立ち後れています。

要するに、日本的非正規雇用は、同一労働差別待遇という点で世界に類例がなく、不安定雇用と貧困をもたらし、その実態からは「アンディーセント・ワーク」「劣悪雇用」の極みと言うしかありません。*20

労働条件決定の改善

ＥＵ諸国の労働法では、集団自治規範を軸に、産業別全国協約や、国の定める労働者保護法によって、全国的に斉一な規制が中核となっています。日本においても、労働者保護を目的に、強行的直律的効力を有する労働基準法、最低賃金法が、最低基準の設定規範として雇用社会で、きわめて重要な機能を果たしています。

その特徴は、企業横断的な労働条件規制です。日本でも、ＥＵ諸国のように、産業、職種別に全国または地域を単位に、そこに所属するすべての労働者への拡張適用を前提に、労働協約を通じて実現されることが期待されていました。労働組合法一八条は、ドイツ法をモデルに、労働協約の地域的拡張適用機能に期待して協約の一般的拘束力制度を導入しています。

しかし、日本では、企業、使用者による支配力が強く、とくに、一九八〇年代以降、対抗すべき労働組合の力量低下によって協約の役割が大きく後退しました。その半面、規制緩和のなかで、労働者保護法の機能も後退して、企業・使用者の一方的決定の傾向が過度に強まることになりました。こうした企業縦断的で、使用者主導の労働条件決定の現実を改善することが、雇用法制においてもっとも重要な課題と考えられます。

日本では、労働条件の決定について、就業規則が大きな役割を果たしています。一九四七年労働基準法は、使用者による一方的な就業規則作成・変更を認めましたが、同制度が七〇年後もほぼそのまま維持されています。

労働基準法二条は、労働条件の労使対等決定原則を定めているので、使用者の一方的作成・変更を認めること自体大きな矛盾を含んでいます。さらに、この就業規則は、本来、事業場単位に作成されるものであり、一事業場に所属するすべての労働者を対象にするべきですが、派遣労働など間接雇用の広がりのなかで、就業規則は派遣先（または受入）企業所属の労働者にのみ適用され、大きく変質したと考える必要があります。その意味では、現行制度では、事業場所属の全労働者を代表する制度は存在しません。[*21]

ＥＵ諸国（ドイツ、フランス、イタリアなど）では、法令にもとづいて職場における集団的労働者代表制度が導入され、事業所単位の規範についても、所属労働者全体の代表を通じて集団的に決定・変更するしくみが作られています。とくに、使用者の異なる間接雇用労働者（派遣労働者と事業所内下請労働者）を含めて、事業所単位の代表選出への参加を認める制度が作られています。これと比較するとき、日本の就業規則法制は、あまりにも時代錯誤的ですが、日本経団連は、現在、従来の就業規則を維持し、集団的労使自治についても企業単位に正社員労組を相手方とする規制を要望し続けています。

これは、本来の労働法や労働協約の企業横断的規制機能強化と対極にある立場です。日本では、ＥＵ諸国のような集団的労使自治による全国的産業別労働協約による規制は、短期的には期待することができませんが、少なくとも職場単位では、立法によって、事業場や事業所に所属する労働者（従業員）全体の代表者を通じた労使対等な規範設定を制度的に確立することが当面の課題として検討される必要があります。[*22]

すべての労働者に「良質の雇用」を確保する

働く者の権利を守る雇用法制について、ここまで検討したとおり、拡大する非正規雇用の弊害を排除することを重視して、従来の日本的雇用慣行における「正社員雇用」への復帰ではなく、ＩＬＯなどが提起する「ディーセント・ワーク」「良質の雇用」をすべての労働者に確保することをめざすべきです。

とくに、日本では、使用者の企業縦断的な労働者支配の弊害が大きいことをふまえて、企業横断的な規制や事業場（事業所）所属労働者全体に適用される規制が重要な意味を持ちます。

以下、あるべき雇用法制について重要と思われる六つのテーマを取り上げます。

就労の実態にもとづいた労働者保護　雇用をめぐる労働立法としては、就労の実態にもとづいた労働者保護を重視すべきです。労働法においては契約の形式ではなく、就労の実態にもとづいて労働関係の本質を捉えた労働者保護が要請されます。労働法が民法から独立するときの出発点でもあります。民法上の労務提供契約では、労務提供者が独立労働者であるとするのとは違って、労働法で保護の対象となる従属的労働は、就労の実態を捉えた概念です。労務提供契約の形式が、請負、委任、準委任など個人事業主の形式であったとしても、就労の実態から法的に労働者性を認めて、保護し、労働法と社会保障法を適用します。ＩＬＯも、二〇〇六年「雇用関係」勧告（一九八号）で、この実態にもとづく労働者保護の考え方を再確認しています。とくに労働法や社会保障法が整備・発展するなかで、使用者は、使用者責任を回避する目的で、名目的自営業形式を濫用する傾向が強まってきました。ＩＬＯの二〇〇六年勧告では、契約の形式ではなく、「事実優先（primacy of facts）」に労働関係を捉えること、一定の場合には、労働関係があることの「推定」などの方式を勧めています。[*23]

原則的には、労働関係の実態がある派遣先と労働者の間に法的にも労働契約関係を認めることが要請されます。とくに、「間接雇用」では、中間的介在者を名目的雇用主とすることから、多くの弊害が生じています。就労の実態重視という考え方からは、このような間接雇用は、あくまでも例外であり、期間や業務を厳しく限定して初めて容認できます。また、形式は短期契約であっても反復して常用雇用化しているときにも、その実態に合わせて常用雇用関係を認める必要があります。

とくに個人事業主形式による使用者責任回避を許さないために、労働者性判定が迅速簡易に行なえるように制度的整備が必要であり、名目的自営業形式の労働者については、集団的労働関係を促進することを最優先に「労働者性」認定を緩やかにして、広く団結権を認める必要があります。

長期雇用継続を求める常用雇用　経済のグローバル化にともなって失業の危険が増し、雇用の不安定性が拡大しています。このなかで、労働者の雇用は、「期間の定めのない労働契約」を原則とする「常用雇用」の確立がきわめて重要です。とくに、使用者による解雇は自由ではありません。個別解雇については、差別的な理由による解雇を禁止するとともに正当な理由が必要です。

労働契約法一六条は、合理的な理由がなく社会的に相当でないと考えられる解雇は解雇権の濫用として無効であるという規定を定めています。これは、多くの解雇をめぐって確立した判例法理を立法化したものであり、世界水準に近づいたものとして、積極的な意味があります。

ＥＵ諸国では、個別解雇について差別的理由による解雇の禁止を含めて正当な理由を求め、また、集団解雇（整理解雇）についても、労働者代表との協議などの厳格な手続規制を定めています（ＥＵ指令九二年六月二四日など）。さらに、フランス法や韓国法は、使用者に再雇用の優先義務を課しており、日本の解雇法制にも、これらの規制を導入する必要があります。

また、常用雇用原則の内容として不可欠なことは、契約期間を定めた有期雇用を例外として導入事由を限定することです。有期雇用が解雇規制の脱法として濫用されたという経験から、ドイツやフランスでは、有期雇用を例外とした規制を導入してきました。有期雇用は、一定の事由（臨時業務など）がある場合に限って利用できる「入口規制」が基本なのです。

契約期間や更新回数に限定を加え、一定期間や回数を超えた時には期間の定めのない契約に転換するとする「出口規制」は、有期雇用の広がりを許す余地が大きく望ましくありません。

フランス法が入口規制で先進的ですが、ドイツ法や韓国法は、均等待遇とともに出口規制を重視しています。やはり有期雇用の弊害排除では不十分性が目立っています。日本は、二〇一二年改正労働契約法一八条以下で有期労働契約の出口規制を導入しましたが、期間限定が五年と長すぎること、差別禁止（均等待遇）がないことなど、ドイツ法や韓国法の水準からも劣っており、不十分な規制です。

フランスの法規制に近づけることが必要です。

雇用の安定性については、解雇規制とともに、安定性の低い雇用がもたらす否定的影響を緩和する失業保障、職業訓練など職場喪失についての社会制度を整備する必要があります。失業・半失業が広がる現実に合わせて、雇用保険の給付期間延長、給付水準の改善、離職理由による過度な制限の見直しとともに、求職者支援制度を改善して、一般的な失業扶助制度として整備するなど、雇用安全網の確立につながる抜本的制度改善が急務となっています。[*24]

均等待遇　雇用法制においては、同一価値労働同一賃金の原則あるいは均等待遇の原則を最優先に考える必要があります。現行の労働基準法三条は、国籍、信条、社会身分による差別を禁止しており、男女雇用機会均等法では、性別による差別を禁止し、労働組合法七条は、組合活動を理由にした差別を禁止しています。

しかし、一般的に同一価値労働同一賃金を確認した条項は存在しません。労働基準法四条は、男女賃金差別を禁止していますが、同一価値労働同一賃金を一般的に認めているわけではありません。とくに日本の労働法では、同じ使用者のもとで雇用される労働者間の均等扱いや差別禁止を定めています。使用者が異なる「間接雇用」の派遣労働や、事業場内下請の場合、労働者間の差別禁止や均等待遇の問題は最初から排除されているのです。

これに対して、EU諸国では、雇用形態による差別を禁止する非差別原則が確立しています。とくに、EUだけでなく、世界の派遣法に共通しているのは、派遣元と派遣先で使用者が異なっていていても、同一職場で働く派遣先従業員と同一労働であれば、派遣労働者に均等待遇を保証するという規制が世界標準です。EUだけでなく、二〇〇六年の韓国法も、派遣労働者と、同一または類似の業務を担当する派遣先の従業員との差別禁止を定めています。唯一、日本の派遣法だけが、均等待遇や差別禁止を定めていません。単に、派遣先労働者との「均衡待遇」を図ることが派遣元の努力義務として規定されているにすぎません。

日本の場合、使用者や企業が異なることによる賃金格差が大きく、企業間格差を克服をするためには、改めて職務や仕事が同一であれば、男女、雇用形態、所属企業にかかわらず、均等待遇を普遍的に確認することが重要です。雇用法制としても、この均等待遇保障が優先的に導入されなければなりません。[*25]

直接雇用=間接雇用禁止　派遣など間接雇用は、原則として禁止するべきです。

第二次大戦後、国際機関や世界各国で、間接雇用禁止の原則が確認され、関連法令が導入されました。日本でも一九四七年、職業安定法四四条で労働者供給事業を原則的に禁止することになり、同年制定の労働基準法は、強制労働と中間搾取を禁止しました（五条、六条）。これらは明らかに、間接雇用の弊害排除を目的とする規定です。

その後、占領時代が終わり経済復興が本格化するなかで再び間接雇用が広がり、一九七〇年代以降になるとサービス業での業務処理請負が広がりました。これらは職業安定法四四条に違反する疑いの強い間接雇用でしたが、労働行政や労働組合の多くは摘発に消極的なまま、一九八五年には、違法な現実を追認する形で労働者派遣法が制定され、間接雇用を一部、合法化することになりました。

たしかに、ＥＵ諸国や韓国も労働者派遣を法制化していますが、業務や期間を限定して認める形で、あくまでも常用雇用の例外としています。臨時的な業務の必要性や、短期間に限った利用などの条件を満たさない場合には、派遣先が直接雇用することを義務づけるのが諸外国の派遣法に共通した規制です。とくに、派遣労働については、派遣先従業員との均等待遇を定めることが、絶対的ともいえる派遣労働合法化の前提要件なのです。

ところが、日本では一九九九年に派遣対象業務の限定がなくなり、二〇一五年九月の改正では、事実上、派遣先にとって、業務限定も期間限定もなく派遣労働利用が可能となりました。その結果、正社員が担当していた業務のほとんどが、派遣労働で代替できることになりました。しかし、日本は企業別労働条件格差が大きく、間接雇用の弊害が諸外国に比べてとくに深刻であり、実際にも、第二次大戦以前に見られた無権利で劣悪な労働が労働者派遣を通じて復活しています。

間接雇用については原点（一九八五年以前）に戻って、その撤廃が必要ですが、当面は、①一九九九年以前に戻ること、②均等待遇を確立すること、③派遣先使用者責任を大幅に強化する法改正が急務です。[*26]

公正労働条件保障　労働者には、人間らしい労働条件が保障されなければなりません。

具体的には、①職場における労働者の人間の尊厳保障、②仕事に相応しい公正な労働条件、③家庭を持って自立した生活を送ることができる賃金、④働けないときの生活を支える社会保障の適用など、基本的労働条件を受ける権利が保障されなければなりません。

日本では第二次大戦の敗戦後、企業主の支配が弱まり、労働組合が職場を単位に結成されましたが、高度経済成長の後に民間部門で企業主の専権が目立つようになり、労働組合の無力化を背景に、現在、労働者を人間として尊重しない労務管理や職場環境が広がっています。

これは、「受け入れることができない労働（unacceptable work）」であり、ＩＬＯの言うディーセント・ワークの対極にある働かせ方です。とくに、日本では、労働者が長時間・過密労働や強いストレス、業務過重によって健康が破壊され、脳・心臓の機能不全による過労死、過労自殺が年齢や雇用形態を問わず、深刻な広がりを示しています。

二〇一四年一一月には、過労死という用語を法・行政として初めて認める「過労死等防止対策推進法」が施行されました。国と自治体の過労死防止対策の責務を明記し、調査研究、啓発、相談窓口の整備など、過労死家族など運動当事者の参加を重視している点で注目しなければなりません。それと裏腹に、同法の制定は、従来の労働法と労働行政の機能不全を示しているのであり、同法を真に意味のあるものとするためには、労働基準法、労働安全衛生法、労働契約法などの既存の労働法規とそれを実現するための労働行政を飛躍的に活性化することが重要な課題であることを浮かび上がらせています。

日本の職場の現実において、個々の労働者が人間としての尊厳を尊重されることが必要です。この点で参考になるのは、一九七〇年、イタリアで制定された「労働者憲章」法です。当時、企業主の専制支配が労働者を抑圧していた大工場などの職場における労働者の尊厳を保障することを目的に、安全・健康の保障、テレビなどによる労働者の監視システムの禁止、企業主に忠誠を宣誓した警備員の禁止、職場における労働者の集団的権利（使用者による反組合活動の禁止、全員集会、組合事務所などの保障）を定めていました。さらに、ＥＵ諸国では、職場におけるいじめ、ハラスメントを防止する法規制も導入されています。[*27]

日本では、男女雇用機会均等法が事業主に「ハラスメント防止措置」を義務づけていますが、職場におけるいじめやパワーハラスメントの広がりに対応した独自の法規制はありません。こうした否定的な現象ごとに対応することも重要ですが、あまりにも度を超した日本の企業における労働者の無権利状況を考えるときには、イタリアの「労働者憲章」法のような総合的な労働者権保障規制も課題として考える必要があります。

とくに、すでに提起されている職場における労働者全体代表組織の法制化は、派遣労働者など非正規雇用を含むものであれば、労使の実質的対等の実現と労働者の尊厳保障につながる点で積極的な意味があると思います。

次に、②仕事に相応しい公正な労働条件、③家庭を持って自立した生活を送ることができる賃金では、家族全体の生活を前提にした正規雇用の年功賃金とは大きく異なる、非正規雇用の賃金水準はこれに反します。とくに、パートタイム労働やアルバイトは、世帯内に生計維持者である夫や父母に扶養される家計補助的賃金であり、社会保険の被扶養者基準である年収一三〇万円や所得税の非課税限度額を下回る賃金水準です。

日本の最低賃金は、こうした被扶養者賃金を前提にしているために、最低生活さえ維持できない水準になっています。この誤りを改め、さらに同一価値労働同一賃金原則をふまえて、最低賃金制度を抜本的に見直し、ＩＬＯや国際人権規約が求める②、③に適合する改革が必要です。

他方、一九九四年、アメリカのボルティモアで始まった生活賃金をめざす取組みが、イギリスや韓国にも広がり、日本でも最低賃金を上回る新たな制度として広がりつつあります。本来は、法定週四〇時間を最低賃金で働いただけで、人間らしい生活ができるように最低賃金を改革する必要がありますが、良質の住居と食べ物、交通、医療、通信、余暇などの費用まで払うことができる水準の賃金としての生活賃金を、自治体の公契約条例などを通じて実現することは、最低賃金を改善するための補完的制度として積極的な意味があります。

さらに、働く者には、働けないときの生活保障として社会保障制度の整備が不可欠です。日本では、使用者全額負担の労災保険以外に、労使折半負担の健康保険、年金保険、雇用保険、介護保険が強制加入の制度となっています。しかし、こうした被用者保険に比べて低劣水準の地域保険である国民年金（第一号被保険者）、国民健康保険があることを口実に、とくに、国民年金一号被保険者のなかに雇用労働者が大きな割合で含まれることに示されているように、被用者保険への非正規労働者の加入を認めない使用者側の対応とそれを効果的に正せない制度・運用の弊害が目立っています。

近年、被用者保険加入が、労働契約にもとづく使用者の義務であることが裁判を通じて確認されています。[*28] しかし、使用者側の違法な未加入があっても、時効二年などの制度的制約があるために、労働者が大きな不利益を強いられています。三〇年前に遡及するドイツ法や、国が未加入についての責任を負うことを求めるＩＬＯの見解にもとづく改善が求められています。[*29]

団結権保障　ＩＬＯは、労働者が自身の意見・要求を雇用関係や労使関係に反映するために、個別的・集団的に表示することが、人間として労働者の基本的な権利であると位置づけています。社会的対話と労使関係は、ディーセント・ワーク達成の基礎的手段の機能を果たすのであり、ディーセント・ワークの多くの面は、労組など労働者代表を通じて、あるいは個別的水準の労働者の自発的参加によって実現されるべきです。そのためには、職場、地域、職種、産業などのそれぞれの単位で、さまざまな関連主体間の積極的参加を基盤とした持続的な対話と妥協を重視する必要があります。

日本では、労使の対話が後退し、使用者・経営者の一方的決定による労使不対等の弊害が目立っています。とくに、労働組合の多くは、企業別正社員組織という特徴が強く、中小零細企業や非正規雇用形態の労働者の多くが労働組合に加入していません。さらに、欧米諸国では、労働組合による団結活動の結果として締結された労働協約は、未組織労働者に拡張適用される慣行が一般化しています。ところが、日本では、欧米と類似の協約拡張適用制度がありますが（労働組合法一八条）、現実には機能していません。空文化しています。その結果、もっとも団結権を必要としている労働者層が団結権とその結果を享受できないのは、日本国憲法二八条が期待した状況とは大きくかけ離れています。

職場、地域、職種、産業などのそれぞれの単位に所属する、すべての労働者を代表する団結組織を助長して、社会的対話を実質的なものとする必要があります。

最近では、企業別正社員組織の無力化のなかで、非正規労働、青年・学生、女性労働、過労死、安全・健康問題、原発反対など、既存組織とは異なる地域的な自主的組織の活発な活動が注目されるようになっています。とくに、地域労組、地域ユニオンは個別労働相談を通じて、相談者を組織し、使用者と団体交渉で対決するという、独自の労働組合活動を展開しています。所属する地域、階層、グループに所属するすべての関係労働者を代表した活動と考えられます。こうした地域労組などの活動を労働組合の基本的な類型の一つとして位置づけ、その活動を促進する法解釈、行政の対応が必要です。[*30]

第二次大戦後、労働行政のなかで、労働組合の組織・活動を助長することを目的とした「労政行政」が大きな役割を果たしました。現在、労働市場が二重構造化し、企業別「内部労働市場」の外で働く非正規労働者や零細企業などの外部労働市場では、労働組合が事実上、存在していません。戦後直後のような状況が、再び起きているのです。こうしたなかで、非正規労働者や中小零細企業労働者の団結権実現を支援する法・行政の強化が必要なのです。[*31]

＊18　このディーセント・ワークの概念では、労働機会、雇用選択の自由、生産的な労働、労働における平等、雇用安定、労働における尊厳性とともに、マクロ経済社会的な面も重視されます。Anker R., I. Chernyshev, P. Egger, F. Mehran & J. Ritter（2002), “Measuring Decent Work with Statistical Indicators”, Policy Integration

Department Statistical Development and Alaysis Group Working Paper No.2, ILO, Geneva.

＊19　ＥＵは、雇用安定性、訓練・進路展望、賃金を基準に職場（job）を「希望のない雇用」「低賃金雇用」「合理的水準の雇用」「優良雇用」に分類し、ＯＥＣＤも、賃金、労働条件と合わせて、雇用形態（時間制労働と臨時労働）、雇用安定性の基準で各国の状況を分析しています。

＊20　くわしくは、伍賀一道『非正規大国「日本」の雇用と労働』（新日本出版社、二〇一四年）、森岡孝二『雇用身分社会』（岩波新書、二〇一五年）参照。

＊21　たとえば、法定時間外労働をめぐる三六協定締結などで派遣先事業場から派遣労働者を除外する「虚構」など、法規制自体の形骸化が生じています。

＊22　日本労働協会雑六三〇号（二〇一三年一月）の各国状況についての諸論文、とくに西谷敏「労働者代表制度の早急な法制化を」一頁参照。

＊23　脇田滋「個人請負労働者の保護をめぐる解釈・立法の課題――二〇〇六年ＩＬＯ雇用関係勧告を手がかりに」龍谷法学四三巻三号（二〇一一年三月）一〇二四頁以下参照。

＊24　後藤道夫・布川日佐史・福祉国家構想研究会編著『失業・半失業者が暮らせる制度の構築――雇用崩壊からの脱却』（大月書店、二〇一三年）参照。

＊25　毛塚勝利「非正規労働の均等処遇問題への法理論的接近方法――雇用管理区分による処遇格差問題を中心に」日本労働研究雑誌五五巻七号（二〇一三年）一四頁以下、緒方桂子「雇用形態間における均等待遇」日本労働法学会誌一一七号（二〇一一年）三二頁以下参照。

＊26　同様な主張としては、森岡孝二『雇用身分社会』前掲二二二頁参照。

＊27　大和田敢太『職場のいじめと法規制』（日本評論社、二〇一四年）参照。

＊28　豊国工業事件・奈良地裁判決平一八・九・五労働判例九二五号五三頁以下。

＊29　川崎航史郎「被用者保険における受給権保障と事業主・保険者の責任――ＩＬＯ社会保障基準を参考として」社会保障法二八号（二〇一三年）一八四頁以下参照。
＊30　職場、地域、職種、産業などの単位所属労働者の全体を代表する団結活動、個人のストライキ権を認めるフランスやイタリアの考え方が参考になります。大和田敢太『フランス労働法の研究』（文理閣、一九九五年）、脇田滋「イタリアの団結権と争議権の特質――個人たる労働者の集団的権利」日本労働法学会誌四七号（一九七六年）三〇頁以下参照。
＊31　同様な状況にある韓国では、ソウル市が、朴元淳市長の政策で、「労働権益センター」など「社会的脆弱階層」の労働相談とともに、青年ユニオンへの支援などを強めていることが参考になります。

3　人材ビジネスの規制のあり方

多様化する人材ビジネス

多様な人材ビジネスのなかでも、急成長分野の一つである再就職支援事業（アウトプレースメント業）を取り上げた記事（朝日新聞二〇一三年八月二六日付『限界にっぽん　第四部／続「追い出し部屋」⑤』）は、その実態を利用者（リストラ、支援対象者）の声で紹介しています。

支援の中身は、「自己ＰＲ」の仕方などの研修と、二週間に一度の「面談」が中心だった。紹介される求人情報も、ネットなどで得られるものと大差ない。一年たつ頃には、担当者は厳しい言い方に変わった。「ご希望のIT関連で五〇代の人を採ろうという企業はないですよ」。再就職先も、高速料金の徴収や運転手、警備などの経験や希望とは程遠い仕事を進められるようになった。（中略）最近は、派遣でもいいから、いい加減そろそろ再就職先を決めたらどうだという感じ。『全力で支援』なんてうそだ」

再就職支援事業のすべてがこれと類似の実態にあると見ることはできませんが、決して珍しいことでもありません。実際、支援事業者から「高望みするな」「ハローワークに通うのがあなたの仕事」などと言われ、強い精神的ダメージを負った状態でハローワーク（公共職業安定所）の窓口を訪れる人は少なくありません。ハローワークへの支援業務の「丸投げ」です。

こうした再就職支援は、リストラ企業から人材ビジネス（再就職支援）業者が「一人六〇万円から九〇万円で六ヶ月間から一年の期間で請け負う」（同記事）ことが多く、その際、支援事業者の側から積極的にリストラ（人員削減）を促したり、その具体的な手続きを指南する場合もあります。

新聞報道も人材ビジネス業者が『貴社人員適正化施策のご提案　戦力の入れ替えのお勧め』と題する文書を作成し、リストラ企業にその「ノウハウ」を伝授していた実態を明らかにしています（朝日新聞二〇一六年二月二二日付『再就職助成　リストラ誘発も』）。

人材ビジネスが、激しく変化する経済社会の求めるところに従ってその領域を広げていくことは肯けますが、それが労働者の権利を脅かしたり、不利益（劣悪な働条件や不安定な雇用）を強いたり、労働市場に悪影響を及ぼすなどの弊害を生じさせるなら、適切に規制することが必要です。ここでは多様化する人材ビジネスの全体像をとらえながら、その規制のあり方を考えます。

人材ビジネス規制の歴史

今日、労働者募集、職業紹介、労働者供給、求職情報提供の各事業のほか、関連する多様な人材ビジネスが民間事業者によって行なわれています。

これらの事業の規制の歴史は古く、江戸・明治の時代まで遡りますが、貧困や無知につけ込むかたちでの種々の権利侵害（中間搾取、強制労働、人身売買など）が横行したことから、組合や府県による各種規制（手数料制限など）や無料職業紹介所の設置といった措置が講じられてきました。[*32]

一九二一年には、第一次世界大戦後の深刻な失業情勢に加えて、ＩＬＯ第一回総会（一九一九年）で採択された「失業に関する条約」（批准は一九二二年）と「失業に関する勧告」が、国の管理下にある無料職業紹介所の整備や営利職業紹介事業の禁止などを定めたことを受けて、職業紹介法が制定されています。そこでは、無料職業紹介事業の整備に向けた措置（市町村を設置主体とし、国が財政補助）が講じられる一方、営利職業紹介事業の禁止などが定められました。

その後、同法は一九三八年、国家総動員体制（戦時体制）下で「労務ノ適正ナル配置ヲ図ル」（労務の統制配置）ことを目的に改正され、職業紹介事業の国営化とともに、労働者供給事業や労働者募集事業についても厳格な許可制のもとに置きました。こうした規制はその趣旨は格別、結果として当時の国際条約[33]の立場と合致していました。

戦後、新憲法の制定を受けて成立した職業安定法（一九四七年）は、「各人に、その有する能力に適合する職業に就く機会」を与え、「工業その他の産業に必要な労働力を充足し、以って職業の安定を図るとともに、経済の興隆に寄与することを目的とする」（一条）と定めました。

労働者の人権保障と職業の安定をその大きな目的の一つに掲げた点は重要です。そのうえで、労働者が不当な労働関係を強いられる危険を除くため、労働者供給事業をほぼ全面的に禁止し、有料職業紹介事業も許可制のもとで一部の職業に関してのみ容認しました。

一九四九年に採択されたＩＬＯ「有料職業紹介所に関する条約（九六号）」（一九四九年）も、職業紹介事業の国独占原則を明らかにし、各国に対し、①有料職業紹介所を段階的に廃止するか、②厳格な規制のもとに置くかの選択を求め、わが国は後者の立場で一九五六年、この条約を批准しました。

一つの転機は、一九八五年の労働者派遣法の成立です。労働者を他人に供給する労働者供給事業のうちから一定の形態を除外し、一定の要件下で容認しました。当初、業種（専門一三業種）も、派遣期間（原則一年）も限定的でしたが、その後の新自由主義的改革（規制緩和）の流れに乗り、労働者派遣事業の規制緩和（自由化）が急速に進みました。

もう一つの転機は、ＩＬＯ三四号条約と九六号条約を改正した「民間職業仲介事業所条約（一八一号）」（一九九七年）の採択です（批准は一九九九年）。同条約は国の職業安定行政機関による無料職業紹介の全国的な展開を前提としているものの[34]、有料職業紹介事業、労働者派遣事業等を公的なルール（参入と行為の基準）のもとで容認したものであり、規制緩和の側面を有しています。

日本では、こうした動きを受けて一九九七年、有料職業紹介事業の原則自由化（職安法施行規則改正）、一九九九年と二〇〇三年には、職業安定法自体も改正（有料職業紹介事業の原則自由化、許可・届出制の緩和、手数料徴収の対象となる求職者の追加、兼業禁止規制の撤廃など）されています。

もっとも一八一号条約を規制緩和の側面のみから理解することは正しくありません。同条約は、従来の条約や勧告の射程の外にあった労働者派遣事業やその他の多様な民間雇用関連サービス（Private Enployment Agency）にまで適用を拡大したうえで、保障されるべき労働者の諸権利を詳細に掲げながら、労働者を不当な扱いから保護する適切な規制を加える立法的措置を求めています。この点は、多様化する人材ビジネスの規制のあり方を考えるうえで常に留意されるべきでしょう。

一方、雇用法制面の変遷と並行し、雇用施策の面でも人材ビジネスの位置づけは数々の変遷を重ねてきました。

その一つは、二〇〇〇年代始めの新自由主義的改革のなかで「民間でできるもは民間で」「より良質かつ低廉な公共サービスへ」のスローガンのもとで実施された「市場化テスト」（同一条件下の官民競争制度）です。その対象は広範な行政分野に及び、ハローワークの関連事業についても、一部から人材ビジネスへ委ねるべき（公設民営）との議論がおこりました。

その結果、「求人開拓事業」「人材銀行」「キャリア交流プラザ」を対象に「市場化テスト」が行なわれましたが（二〇〇五年以降）、いずれも官（ハローワーク）の優位性が示されています（**表Ⅳ-**

表Ⅳ-2　求人開拓事業（2005年度市場化テストモデル事業）実績

実施地域	求人開拓推進員配置数	開拓求人件数	開拓求人数	充足数	正社員求人の割合	求人充足1人当たりの経費（委託料）
北海道札幌地域（民間）	11人	4,074件	7,550人	1,296人	24.0%	30.0千円
福岡北九州地域（民間）	12人	2,657件	5,357人	846人	38.8%	47.2千円
兵庫神戸地域（国）	15人	4,969件	8,324人	2,588人	56.5%	13.2千円

実施地域	求人開拓推進員配置数	開拓求人件数	開拓求人数	充足数	正社員求人の割合	求人充足1人当たりの経費（委託料）
秋田中央地域（民間）	6人	361件	698人	270人	38.4%	85.6千円
鹿児島鹿児島地域（国）	12人	1,458件	2,855人	929人	68.7%	26.3千円

（注1）2005年6月から2006年5月まで、市場化テストモデル事業として、北海道札幌地域、福岡北九州地域、秋田中央地域について、民間事業者に委託して事業を実施。
（注2）兵庫神戸地域は北海道札幌地域及び福岡北九州地域に対し、鹿児島鹿児島地域は秋田中央地域に対し、労働市場の規模等から比較対象とされた国の実施地域。

表Ⅳ-3　あだちワークセンター（官民共同窓口）における職業紹介事業の実施状況（2003年11月から2006年3月末までの累計数（注1））

	来所者	新規求職者	自らの紹介による就職件数	その他の経緯による就職（自己就職）の件数	就職率（自己就職も含めた就職率）	就職一件あたりのコスト
官民計	160,604人（100%）	24,116人（100%）	4,714件（100%）	—	19.5%（—）	—
ハローワーク（11名）	155,109人（96.6%）	21,992人（91.2%）	4,654件（98.7%）	—	21.2%（—）	3.2万円（注3）
（株）リクルート（5名）	5,495人（3.4%）	2,124人（8.8%）	60件（1.3%）	659件（注2）	2.8%（33.9%）	152.6万円（注4） 12.2万円（注5）

（注1）あだちワークセンターは2003年11月4日から2006年3月31日まで開設。
（注2）659件のうち138件はハローワークの求人情報を活用したもの。
（注3）2003年11月から2006年1月までの人件費、運営費の月平均に土地建物借料等を加え（一部推計値を含む）、月平均就職件数で除したもの。
（注4）足立区が支出した成功報酬費の月平均に土地建物借料等の推計値を加え、月平均就職件数（自己就職を含まず）で除したもの。
（注5）足立区が支出した成功報酬費の月平均に土地建物借料当の推計値を加え、月平均就職件数（自己就職を含む）で除したもの。

2）。また、東京都足立区が実施した官民共同窓口における実績比較（職業紹介事業、二〇〇三年～二〇〇六年）でも、人材ビジネスの非効率さが浮き彫りになっています（表Ⅳ‐3）。

もう一つは、新自由主義的改革の再浮上を印象づけた二〇一三年の「日本再興戦略」（成長戦略）の閣議決定です。そこでは、産業競争力会議や規制改革会議の議論を受けて雇用流動化政策の推進が掲げられ、その条件整備の一つとして「人材ビジネスの活用・活性化」が喫緊の課題と位置づけられています。

その後に改定された「雇用政策基本方針」（厚生労働省告示、平成二六年四月一日）も「民間人材ビジネスの活性化・活用」を掲げるに至り、Ⅱ章2で明らかにしたとおり、さまざまな施策のなかで具体化されています。

こうした人材ビジネスの位置づけの変更は、国の公的職業紹介の縮小を加速させるおそれがあります。また、大きく変化する人材ビジネスの実態を国が的確にモニタリングし、必要な規制を迅速に講じる姿勢を欠くなら、大きな禍根を残すことになるでしょう。

人材ビジネス規制の現状と見直しの動向

人材ビジネスは、職業安定法四条や労働者派遣法二条が定義する「職業紹介」「労働者募集」「労働者供給」の各事業に加えて、今日では、再就職支援事業（アウトプレースメント事業）、業務請負（アウトソーシング）事業、個人請負・在宅ワーク・インターンシップ等の仲介事業、コンサルティング事業等へと関連領域を急速に広げており、これらを含めて幅広くとらえておく必要があります。[*35]

現在の人材ビジネスへの規制をみると、まず、労働者派遣事業については労働者派遣法によって参入と行為の基準が定められています。

また、職業安定法は「職業紹介事業等」が「労働力の需要供給の適正かつ円滑な調整に果たすべき役割」を果たすよう「その適正な運営を確保する」ため（一条）、各事業類型に即した規制を定めています。

具体的には、公的職業安定機関と「職業紹介事業者、労働者の募集を行う者及び募集受託者並びに労働者供給事業者」を包括する行為基準として、①職業選択の自由の保障（二条）、②均等待遇の保障（三条）、③書面による労働条件の明示（五条の三、施行規則四条の二）、④個人情報の保護（五条の四）、⑤労働争議に対する不介入（二〇条、三四条、四二条の二）、⑥求職者（労働者）からの手数料徴収の原則禁止（三二条の三、三九条、四五条）を定めています。また、ハローワーク（公共職業安定所）や「職業紹介事業者」に共通の行為基準として、①求人・求職における全数受理の原則（五条の五、五条の六）、②適格紹介の原則（五条の七）を定めています。

そのうえで各事業類型ごとにそれぞれに特有の規制を設けています。具体的には、有料職業紹介事業（三章一節）、無料職業紹介事業（三章二節）、労働者の募集（三章の二）、労働者供給事業（三章の三）でそれぞれ参入と行為の基準を定めています。なお、労働者供給事業は労働組合が無償で行なう場合以外は禁止されています。

こうした現行の規制に関わって、その見直しに向けた精力的な議論（関係事業者等のヒアリングを含む）を行なってきたのが、規制改革会議の雇用ワーキング・グループです。

雇用ワーキング・グループは二〇一三年三月以降、四五回（二〇一六年二月九日現在）の会合を重ねるなかで二〇一三年五月二九日に「雇用改革報告書─人が動くために」をとりまとめています。また、これを受けた規制改革会議の第一次答申（六月五日）は、有料職業紹介事業に関わって「民間人材ビジネスの活用によるマッチング機能強化の観点から、利用者の立場に立った有料職業紹介制度の在り方について引き続き問題意識を持ちつつ、当面、求職者からの職業紹介手数料徴収が可能な職業の拡大について検討する」としています。

求職者からの職業紹介手数料徴収が厳しく制限されているのは、事業者の営利を求める行為が、労働者（求職者）の権利・利益を損なうことがないようにする趣旨であり、今日の国際条約（ＩＬＯ一八一号条約七条一項、二項）の立場と合致します。この点に関し、雇用ワーキング・グループの議論（二〇一三年四月二五日）では、ある委員が「少し手数料を払っても、それを上回る処遇を紹介してくれるなら、私ならそのサービスは受けたい」と述べていますが、裏を返せば、手数料が払えなければ処遇のよい仕事は紹介してもらえないことを意味し、困窮者をさらなる苦境に立たせることとなります。こうした事態は広く社会不安を引き起こしかねず、その見直しはとくに慎重であるべきです。

その後も、雇用ワーキング・グループの継続した議論を受けた規制改革会議は二〇一五年一月二八日、「『雇用仲介事業の規制の再構築』に関する意見」をとりまとめています。そこでは、「社会経済の発展、求職者・求人者のニーズの多様化、ＩＴ化の進展などに法制度が対応しきれなくなってきている」とし、①職業紹介事業の「一事業者主義」の撤廃など、②委託募集の許可制の撤廃、③事業所設置・責任者配置基準の抜本的見直し、④国外にわたる職業紹介に関する届出規制の見直し、⑤求人求職情報の管理業務に関する規制の簡素化など、多岐にわたる規制の緩和を求めています。

これを受けて厚生労働省は二〇一五年三月三一日、学識経験者を中心とした「雇用仲介事業等の在り方に関する検討会」（座長　阿部正浩中央大学教授）を設置し、「職業紹介、求人広告、委託募集、労働者派遣等の有料職業紹介事業等に関する制度の整理・統一を含めた必要な見直し」について議論を開始しています。

今後、同検討会の報告書がまとめられた後、労働政策審議会の議論を経て法令改正へと向かうことが想定されますが、これまでの議論（とくに雇用ワーキング・グループ）が主に規制緩和を志向していることから、その動向を注視する必要があります。

ところで、ＩＬＯ条約は、人材ビジネスの規制をどう考えているのでしょうか。

一八一号条約は、その前文で「労働市場において民間職業仲介事業所が果たし得る役割」を認めながら、「労働者を不当な取扱いから保護する必要性」を指摘しています。また、この条約を「補足するものであり、条約の規定とあわせて適用されるべき」とされるＩＬＯ「民間職業事業所勧告（一八八号）」は「民間職業事業所による非倫理的な行為を防止し及び排除するための必要かつ適当なすべての措置をとるべき」（四項）としています。

したがって、人材ビジネスの規制にあたっては、「労働は商品ではない」（フィラデルフィア宣言）の理念に即して、その弊害を適切に排除しうる措置が講じられるべきです。

とくに、一八一号条約は幅広い雇用関連サービスを視野に入れたうえで全体を包括する規定として、①結社の自由の権利及び団体交渉権の保障（四条）、②差別の禁止（五条）、③個人情報の保護（六条）、④求職者（労働者）からの手数料徴収の原則禁止（七条）、⑤移民労働者の保護及び関係国との協定の締結（八条）、⑥児童労働の禁止（九条）、⑦苦情及び不当行為・詐欺行為の救済制度等を掲げ、あわせて採択された一八八号勧告が、①不必要な個人情報の記録の禁止（一一項）、②個人情報の閲覧・修正・削除の権利の保障（一二項）、③適当な資格を有し及び適切な訓練を受けた職員の配置（一四項）などを求めています。

こうした規定を十全に受け止めるなら、職業安定法に雇用関連サービスの全体を定義したうえで、これらを包括的に規制する規定を設けるべきです。[*36]

同時に、人材ビジネスの急拡大・多様化のなかで生じる新たな弊害の監視に力を入れながら、新たな事業類型を的確に定義し、弊害の原因となる行為を機敏に規制することが重要です。

ところが、労働者・求職者が直面している課題を積極的に把握する国の動きはきわめて低調です。この点は規制をめぐる論議の仕方にも関係しています。

規制改革会議を中心としたこの間の議論は、使用者の代表（大企業経営者）が委員となり、大きな発言力をもっています。一方、労働者の代表はせいぜいヒアリングを受ける程度であり、労使が対等に議論に参画しているとは言い難く、労働者・求職者の意見が反映される余地が少ないのです。しかし、一八一号条約や一八八号勧告が人材ビジネスの地位や規制をめぐる議論過程に労使の参画を繰り返し要求していることを忘れてはなりません。法案策定の段階では、労使が参画する労働政策審議会の議論（諮問・答申）を経るから構わないという主張もありますが、こうした現状は同審議会の形骸化と見るべきでしょう。

なお、人材ビジネスの規制に関わって、規制をできる限りなくし自由な市場競争を促進するなら、問題のある業者は淘汰されるとの主張がありますが、人材ビジネスの公共的な役割（職安法一条、一八一号条約）やおこりうる被害の深刻さをふまえるなら、問題のある業者の存在を認めること自体、適当ではありません。

人材ビジネス規制の方向性

再就職支援事業（アウトプレースメント事業）の適正化　再就職支援事業が職業紹介を含むとき、その限りで職安法の規制を受けていますが、それで十分でしょうか。

今日の再就職支援事業は、企業のリストラ（人員削減）の推進と一体となっていることに特徴があります。人材ビジネス業者が提供する再就職支援は、リストラ企業の労働者にとっては退職を希望（または同意）するかどうかの「判断材料」の一つですが、当該労働者が具体的な支援内容を事前に評価することはかなり困難です。支援に期待し、退職に同意した労働者にとって、それがもっぱら

「低賃金・不安定雇用への誘導」であるなら、納得がいかないでしょう。

また、支援が再就職に結びつくことを条件に追加料金（リストラ企業が負担）が設定されていることが少なくなく、支援事業者がさらなる利益を上げるため、不利な雇用関係を強いる状況が生まれやすいとも言えます。

加えて、人材ビジネス業者が企業に対してリストラを提案し、そのノウハウを積極的に伝授する行為が問題視されています。新聞報道でも、製紙大手の王子ホールディングスの子会社で、人材ビジネス業者が「個別退職勧奨型・リストアップ方式」と呼ぶ方法（個別に低評価の労働者を呼び出して退職を促すことから、労働者は孤立し精神的にも追い込まれるのが特徴）が実施されたとしています（さきほど紹介した朝日新聞二〇一六年二月二二日付など）。

ここで言う「低評価」の中身は定かではありませんが、それをもって労働者を解雇することはもとより、個別に退職を促すことにも合理的理由があるとは言い難く、違法な退職強要を引き起こしていた可能性があります[*37]。

しかも現在、国の「労働移動支援助成金」の支給要件の一つに「再就職支援の人材ビジネス業者への委託」が加えられているため、人材ビジネス業者の側からのリストラ指南（営業活動）がおきやすいのです。本来なら労働者の再就職を支援するしくみが、逆に退職強要を助長している構図が垣間見えます。

こうした種々の弊害を生み出す仕組みを見直し、できる限り良質な雇用へ結びつくよう、支援の手続きや内容を指針などで基準化し、国が指導を進めるべきです。

近時、リストラ対象者を再就職支援事業者に出向させ、当該事業者との労働契約にもとづく「指揮・命令・監督を受けて」「自身の転職に向けた再就職活動」を行なわせる動きもあります。[*38] 転職を自ら希望する労働者に対して手厚い支援（活動中の有給保障など）が行なわれることは望ましいことですが、労働者が転職を希望していないなら、そこでの「仕事」は苦痛以外の何ものでもありません。もっぱら転職を目的とする出向命令の効力も争いになるでしょう。こうした実態を国は早急に調査し、あるべき再就職支援の姿を示すべきです。

紹介・募集・契約時に明示する労働条件の適正化　求人の情報が、実際の労働条件（雇用形態、職種、賃金、労働時間、休暇等）と異なることから生じるトラブルが後を絶ちません。この点では、紹介・募集段階と契約締結段階での「労働条件の的確な表示」の履行確保が重要となります。

現行の紹介・募集段階の規制としては、職業安定法五条の三（労働条件などの明示）、四二条（募集内容の的確な表示）があり、加えて、平成一一年労働省告示一四一号が、[*39] 募集にあたって明示すべき労働条件の内容や方法等に関する詳細な事項を定めていますが、これは「次に掲げる事項に配慮すること」としているにすぎません。

現状を改善するためには、職安法五条の三（同施行規則四条の二）などを改正（罰則創設等）し、募集者、募集受託者、職業紹介事業者などの義務を強化すべきです。また、さきほどの告示の法制化とともに内容面でも一定の整備が必要です。[*40]

この点に関し、全国求人情報協会は会員企業に向けた「求人広告掲載基準」を設け、自主的に募集内容等の適正化を図っています。しかし、アウトサーダーには無力であり、やはり法制化が必要です。なお、新聞の求人広告などの場合、紙面の制約から関係法令・指針所定の事項を記載できない場合が指摘されていますが、逆に、所定事項を正しく表示した求人を差別化し（たとえば、「公正求人」（仮称）と表記可とする）、推奨することを検討すべきです。

職安法六五条八号は、虚偽広告または虚偽条件呈示に対する刑事罰を設けていますが、立証の難しさから、労働局（需給調整事業部門）が行政処分や刑事告発に踏み切るケースは多くありません。同条の実効性を高めるため、労働基準監督官に同条違反に係る司法警察官の職務を行なわせることを検討すべきです。

一方、契約締結段階の規制としては、労基法一五条が労働条件の書面による明示義務を定めていますが、労働契約の「締結の際」となっており、「締結の前」に明示すべき義務とは解されていません。しかし、契約（相対立する意思表示の合致）である以上、「締結の前」にその内容が示されるべきであり、契約締結後のトラブル回避のためにも法改正すべきです。

「日々紹介」の規制　新聞報道（朝日新聞二〇一五年一〇月一日付「記者有論　日雇い禁止はどうなった」）が、「日々紹介」（日々雇用される求人への職業紹介）に関するトラブルに焦点を当てています。「日々紹介」は従来、配膳、マネキンなどの職種で行なわれてきましたが、この記事は日雇い派遣（雇用期間が三〇日以内の短期派遣）の禁止（二〇一二年）に代わるものとして、製造業、物流業、サービス業等で「日々紹介」が広がっている現状を示し、そのうえで「日々紹介」の場合、雇用契約が当日現場に行くまで成立しないため、紹介された仕事を直前にキャンセルされても、いっさい手当はもらえず、収入は日雇い派遣以上に不安定になっていると指摘しています。

こうしたなかで厚生労働省は二〇一五年九月二八日、全国民営職業紹介事業協会に宛てて要請書を交付し、①紹介したことをもって当日の就業が約束されるものではないことなどを明示すること、②求人の受理にあたって求人数の変動の可能性の有無などを確認すること、③就業に至らなかった場合、他の求人を紹介するよう努めることなどを掲げていますが、「可能な限り配慮」を求めているにすぎず、実効性を高める意味から法制上の措置を講じるべきです。

具体的には、求人事業者と紹介事業者の間で当日キャンセルの際の求人者への補償を取り決め、求職者に対して事前に明示するなどの措置を検討すべきです。

業務請負（アウトソーシング）事業の適正化　請負契約にもとづき、製造業務、荷役・梱包・検品業務、施設・設備管理業務等を一括して請け負う事業（アウトソーシング事業）が広がっています。人員削減や経費削減等の企業リストラの一環として位置づけられている場合が多いでしょう。

このような業務請負は、自社以外の労働者を受け入れ、事業の一部に従事させる点で労働者派遣と類似しています。そして、労働者派遣に該当するなら、労働者派遣法にもとづく規制（派遣法四四条～四七条の二）の適用があり、派遣先事業主も労働基準法、労働安全衛生法等の使用者（事業者）責任を一部負うことになりますが、業務請負に該当するなら、発注者（親企業）は使用者（事業者）としての責任をほとんど負わないことになります。

この間、業務請負事業の広がりにともなって、労働災害の増加（とくに指揮命令系統の異なる労働者が混在して働く場合など）が指摘されたことを受け、二〇〇五年の労働安全衛生法改正によって、製造業などでの業務請負については、その元方事業者（一の場所において行なう事業の仕事の一部を下請負人に請け負わせている事業者）に作業間の連絡調整義務を課しています（同法三〇条の二）。

しかしながら、製造業等における元方事業者（親企業）の責任は、建設業等のそれ（特定元方事業者の責任）と比べるとあまりにも小さくないでしょうか。

実際、業務請負業者にとっての親企業の権限は大きく、業務請負業者が使用する労働者の労働条件、作業環境、さらには雇用関係をも事実上左右することから、親企業（元方事業者や注文者）の責任を定めた労働安全衛生法二九条～三一条の二の規定（具体的には、労安則第四編「特別規制」）や建設業法の規定[*41]の例に倣い、親企業の責任強化を検討すべきです。

なお、業務請負と労働者派遣の区別をめぐっては、形式的に「業務請負」を装いながら、労働者派遣と変わらない「偽装請負」と呼ばれる実態が一部にあり、厚生労働省は両者を区別する基準に関する告示[*42]や質疑応答集を示し、周知を図っていますが、直接雇用の原則等を重視する観点から、その内容を見直すべきです[*43]。

個人請負（委託）・在宅ワークの仲介事業の適正化　今日、個人請負（委託）や在宅ワークについて、インターネットを利用した仲介事業が広がっています。具体的な業務も、ＩＴ関連業務、販売業務、建設業務、運転業務等、多岐にわたっています。これらの業務従事者は「個人事業主」と扱われていますが、報酬の決定方法が日給制や時給制であったり、厳格な勤怠管理があるなど、実態は「労働者」に該当する場合も少なくなく、当該分野への労働基準監督機関の監督指導を強化すべきです。また、判例等の積み重ねをふまえ、労働者性の判断基準に関する指針（業態ごと）を随時策定し、その明確化を進めるべきです。

そのうえで、個人事業主と認められる場合であっても、労使関係に類似した使用従属的な関係性が生じていることも多く、一定の要件（年収、業務等）に該当する者の就労を仲介する事業者については、諸外国の例[*44]も参考に職業紹介事業者に準じた規制の適用を検討すべきです。

インターンシップ（職業体験）の適正化　インターンシップ（職業体験）の広がりにともなってトラブルも増えています。受入事業主のなかには、インターンを「無償で使える学生アルバイト」としか考えていない者もおり、こうした実態は「名ばかりインターンシップ」とも呼ばれています。

もとより、その実態が「労働」と変わらないなら、労基法を始めとする関係法令が適用されますが[*45]、「インターンシップ＝労働者ではない」という建前が、関係者の誤解を生み、事実上、必要な保護（労働法の適用）が及ばない事態が生じているのです[*46]。とくに災害・疾病時に労災補償制度の適用がないことは深刻です。

こうした事態を適正化するには、インターンシップを受け入れる事業主に職業体験の内容を明示する義務を課すとともに、行政機関による必要な監督指導を進めるため、インターンシップ開始時の届出義務（労働局長宛）を定めるべきです。また、インターンシップは「職業意識の育成」等を目的としていることから、その期間は一事業場あたり、せいぜい二週間程度で十分であり（実際、六か月に及ぶケースもある）、受入制限の上限を設けるべきです。

そして、インターンシップを仲介する人材ビジネス業者にも、具体的な職業体験の内容の明示等、職業紹介に準じた義務を課すことや前記受入事業主の義務の履行確保に向けた一定の役割を定めることを検討すべきです。

その他の規制　このほか、人材ビジネスに対する包括的な基準に関わって、①個人情報保護の厳格な管理（個人情報の閲覧・修正・削除の権利の保障や個人情報を扱う端末のインターネットからの遮断など）、②求職者からの手数料徴収の原則禁止に関わって、有料サービスの購入を職業紹介の条件とする行為の禁止を規定すべきです。[*47] また、登録型派遣において、登録時に手数料を徴収する行為は、許可基準である職安法七条一項四号（申請者が当該事業を的確に遂行するに足りる能力）を欠くと解釈（厚労省）されていますが、法令でその禁止を明定すべきです。

職業紹介事業に関し、職業紹介事業者を経由する賃金の間接払い行為が散見されます（労基法二四条（直接払い原則）は使用者を名宛人としており、職業紹介事業者は共犯の場合を除き適用がない）。このようなケースの多くは労働者供給に該当し、規制しうる場合も少なくありませんが、端的に禁止すべきです。[*48] また、派遣労働者の求人にかかわっては、「応募してみると求人はなく、登録だけさせられた」などの苦情が多くあり、求人を装った登録の勧奨を明確に規制すべきです。

加えて、日本再興戦略のなかでも、外国人労働者の積極的活用が掲げられ、その「整備」が進んでいることから（外国人家事支援労働者の受け入れを認める国家戦略特区域法改定など）、国際的な職業紹介事業の法規制の検討に着手すべきです。

なお、労働者派遣事業の規制の検討については、Ⅳ章2に譲ります。

実効ある労働行政体制の確立

職安法は厚生労働大臣に対し、事業者への指導、助言の権限（四八条の二）や改善命令の権限（四八条の三）などを付与し、あわせて労働者からの厚生労働大臣への申告（四八条の四）を予定しています。派遣法も厚生労働大臣に対し、事業所への立入検査の権限（五一条）、事業者への指導、助言、勧告の権限（四八条）、改善命令、違反事実の公表などの権限（四九条、四九条の二）等を付与しています。これらの行政機関の権限は、その適切な行使を通じて、諸規制を実効あるものとすることが求められており、そのためには行政体制の確立（必要な人員配置）が不可欠です。

厚生労働省が実施した「職業紹介事業に関するアンケート」[*49]でも、求職者の「国に対する要望」のうち、上位は「悪質業者の取締まりの強化」（三五・四％）、「公共職業安定所（ハローワーク）による職業紹介の充実」（二七・五％）、「苦情やトラブルが起きた時の相談窓口の設置等の対応の充実」（二六・九％）となっており、国の行政機関の権限行使に期待する意見がもっとも多いことがわかります。

また、労働政策審議会の建議等でも「指導監督の強化」が繰り返し指摘されている点も重要です（たとえば、「労働者派遣制度の改正について（建議）」平成二六年一月二九日付）。

ところが、職安法や派遣法の施行を担う都道府県労働局の需給調整事業課・室の体制は、きわめて脆弱であり、都市部を除けば、各労働局（各県単位）で二名～三名にすぎません。また、ハローワークへの求人内容の適正化を指導する求人受付部門も、政府の人件費抑制方針にもとづき連年の人員削減が続いており、これらの部門の人員確保が重要です。

また、求人や派遣、業務請負等をめぐる紛争（とくに民事紛争）を適切に解決しうる専門の相談・紛争解決機関の設置も検討すべきです。

＊32　中島寧綱「職業安定行政史」（日本職業協会ＨＰ）（http://shokugyo-kyokai.or.jp/shiryou/gyouseishi/index.html）。

＊33　ＩＬＯ「失業に関する勧告（二号）」（一九一九年）は、民間職業紹介所の廃止と職業紹介事業の国による独占を各国に求めていました。また、「有料職業紹介所条約（三四号）」（一九三三年）は、民間職業紹介所の廃止期限を三年と定め、新たな設立を禁じていました。

＊34　ＩＬＯ「職業安定組織の構成に関する条約（八八号）」（一九四八年）。

＊35　ＩＬＯ「民間職業仲介事業所条約（一八一号）」は、①職業紹介事業、②労働者派遣事業、③その他の雇用関連サービスまで幅広く適用することを定めています（一条、二条）。

＊36　有田謙司「民間雇用関連サービスの役割と法規制」日本労働法学会編『講座二一世紀の労働法　第二巻　労働

市場の機構とルール』（有斐閣、二〇〇〇年）八六頁。

＊37　二〇一六年三月一六日付朝日新聞は、厚生労働省が新通達の発出を準備しており、「自分の再就職先を探させる業務命令は、労働者保護の観点から不適切だと明示する」と報じています。

＊38　東洋経済オンライン「半沢直樹もたまげる、究極の『出向先』」（http://toyokeizai.net/articles/-/20066）。

＊39　「職業紹介事業者、労働者の募集を行う者、募集受託者、労働者供給事業者等が均等待遇、労働条件等の明示、求職者等の個人情報の取扱い、職業紹介事業者の責務、募集内容の的確な表示等に関して適切に対処するための指針」（平成一一年一一月一七日付労働省告示一四一号、平成一六年一部改正）。

＊40　賃金（指針第3 - 5）に関しては、みかけの賃金額を多く見せる「固定残業代」の横行をふまえ、「所定労働時間に相当する賃金額」等を明示すべき事項に加えるべきです。また、誇大広告（指針第3 - 2）に関しては、同じく誇大広告を規制する景品表示法や健康増進法等の運用例を参考に、誇大広告の類型化やガイドラインの作成を進めるべきです。

＊41　建設業法四一条二項は、下請事業者の賃金不払いについて、国土交通大臣等が元請事業者（特定建設業者）に立替払いを勧告できることを定めています。

＊42　「労働者派遣事業と請負により行われる事業との区分に関する基準」（昭和六一年労働省告示三七号、最終改正平成二四年厚生労働省告示五一八号）。

＊43　全労働省労働組合「労働者供給、労働者派遣、請負の区分に関する基準について」（二〇〇九年五月一二日）（http://www.zenrodo.com/teigen_kenkai/t02_koyouhousei/t02_0905_01.html）。

＊44　有田謙司教授（西南学院大学）は、イギリスにおける雇用仲介事業等の法規制に関わって、「請負契約の下で働く者を紹介し、派遣する事業も広く規制の対象にしている」ことを指摘しています（二〇一五年九月一六日、第六回「雇用仲介事業等の在り方に関する検討会」資料二）。

＊45　平成九年九月一八日付基発六三六号。
＊46　「〝名ばかりインターンシップ〟売店、ソフト開発まるでバイト」二〇一〇年九月二一日付東京新聞、「ビザなし無給労働、摘発困難　韓国人インターン」二〇一三年一一月一八日付読売新聞。
＊47　有田謙司「民間雇用関連サービスの役割と法規制」前掲九三頁。
＊48　有田謙司「民間雇用関連サービスの役割と法規制」前掲八五頁。
＊49　「職業紹介事業に関するアンケート　結果の概要」（二〇一五年三月三一日、第一回「雇用仲介事業等の在り方に関する検討会」資料六）。

4　労働者の職業能力開発

(1)　職業能力開発行政をめぐる状況

職業能力開発とは

雇用対策法は、一章・総則において「国が必要な施策を講じることにより、労働者がその有する能力を有効に発揮することができるようにし、これを通じて雇用の安定を図る」（一条一項）、「この法律の運用に当たっては、……職業を通じて自立しようとする労働者の意欲を高め、かつ、労働者の職業を安定させるための事業主の努力を助長するよう努めなければならない」（一条二項）と国や事業主の責務を定めています。そのうえで、これらの目的を具体化するため、職業能力開発促進法が制定され（一九六九年、旧職業訓練法）、種々の施策が展開されてきました。

実際、職業能力開発促進法一条では、「この法律は、雇用対策法と相俟って、職業訓練及び職業能力検定の内容の充実強化およびその実施の円滑化のための施策ならびに労働者が自ら職業に関する教育訓練または職業能力検定を受ける機会を確保するための施策等を総合的かつ計画的に講ずることにより、……職業の安定と労働者の地位の向上を図る」とされ、職業訓練や技能検定などの実施を求めています。

さらに、同法は「職業能力開発基本計画」の策定を規定しており（職業能力開発促進法三章）、現在は「第九次職業能力開発基本計画」（二〇一一年度から二〇一五年度まで）にもとづく諸施策が、毎年のフォローアップも経ながら実施されています。

他方、雇用対策法は、二〇〇七年に基本部分の「見直し」が行なわれました。すなわち、一条一項に「労働市場の機能が適切に発揮され」の一文が追加されています。これは、「伝統的な労働法は、市場取引の結果として発生する問題点を是正・補正する立場であったが、他方では、労働市場を積極的に位置づけることで労働法の果たすべき役割を明確化すべきとの主張が展開された[*50]」結果であり、雇用政策を「労働市場の法的規制」から「労働市場の円滑化」に転換したものと言えます。そして、こうした「見直し」は、職業訓練や職業能力評価などにも影響を及ぼしています。

以下、職業能力開発行政をめぐる情勢や諸課題に触れながら、めざすべき方向などを考えたいと思います。

「日本再興戦略」が示す職業能力開発の「方向性」

ここ数年の雇用政策は、成長戦略である「日本再興戦略」にもとづき展開されています。この「日本再興戦略」は、政府の産業競争力会議で議論されたものが政府方針として閣議決定されたものですが、会議の構成員は大企業経営者（人材ビジネス業者の代表者を含む）と新自由主義派の学者・有識者であり、中小企業や自営業、労働者の代表は入っていません。したがって、労働者の権利保障といった観点での議論は十分でなく、政策の具体化にも影響を及ぼしています。

職業能力開発分野にかかっても、「日本再興戦略」には多くの政策メニューが掲げられています。これらの具体的な検討は次項に委ねるものの、基本的な考え方も見ておく必要があります。

たとえば、「日本再興戦略二〇一四」（二〇一四年六月閣議決定）では、「外部労働市場の活性化による失業なき労働移動の実現」と題する項目に続き、「企業外でも能力を高め、適職に移動できる社会を構築するため、国、地方、民間を含めたオールジャパンで円滑な労働移動を実現するための取組を強化する」と述べられています。

また、「未来を支える人材力強化」（二〇一五年六月、産業競争力会議課題別会合における厚生労働大臣・文部科学大臣提出資料）では、「働き手の気づきの機会の確保」「働き手の主体的なキャリア開発の支援」の項目を掲げながら、「一人ひとりの主体的な学びを省庁横断的に支援する」ことが重要としています。

しかし、こうした発想は、職業能力開発を労働者の権利から責務へ転嫁するものであり、雇用対策法が国や事業主の責任を謳っていることとも相容れません。むしろ、企業内外の教育訓練を充実させることで労働者の能力向上を図るとともに、仕事の転換に際して必要となる職業能力は、公的職業訓練を中心に対応とすべきと考えます。以下に述べる政策課題のなかでも、こうした問題点をさらに指摘します。

(2) 職業能力開発行政に関わる諸課題

ジョブ・カードをめぐって

ジョブ・カード制度は、二〇〇八年に「職業能力の形成機会に恵まれない者」に対する支援策として創設され、二〇一五年一〇月に大きく改訂しました。しかし、この制度にはさまざまな問題点が指摘されており、全労働が行なった職員アンケート（二〇一五年二月）でも、「職務経歴書が広く普及している中で、労働市場の混乱が懸念される」「職業能力評価やキャリア・コンサルティングと一体で職業能力向上を自己責任化し、人材ビジネスの利益に誘導される」とする項目への回答が約六割を占め、他方で「キャリア・コンサルティングに有用」「職業訓練の効果測定に有用」「応募書類の作成に有用」とする項目への回答はいずれも二割に満たない状況でした（複数回答）。

また、厚生労働省はこの間、普及に力点を置いてきましたが、「生涯を通じたキャリア形成への支援」という趣旨の実現よりは、ジョブ・カードそのものの拡大が目的化しつつある状況とも言えます。したがって、以下の観点での見直しが必要と考えます。

一つには、職業訓練の受講やそれに向けたキャリア・コンサルティングに活用する趣旨とされているものの、ジョブ・カードの作成はこうした場面で必ずしも有用ではない点です。公共職業安定所では、職業訓練の受講希望者や職業訓練の受講が望ましいと思える求職者に対しては、職業相談過程のなかでこれまでの職務経歴などを確認するとともに、今後の再就職に向けた希望などをふまえながら、必要に応じて職業訓練の受講を勧めています。

現在の政策方向は、こうした職業相談やキャリア・コンサルティングに際してジョブ・カードを積極的に活用するものですが、必ずしもジョブ・カードが無ければ職業相談が進まないものではありません。求職者の置かれている状況はさまざまであり、相談過程のなかで能力開発の必要性を判断すべきであり、ジョブ・カードは補助的な位置づけとすべきです。

二つには、就職活動における応募書類としての活用も見込まれていますが、これも、他の応募書類（履歴書、職務経歴書）で充分であり、企業側からもジョブ・カードを求める声がほとんど聞かれない点です。

実際に、公共職業安定所に提出される求人において、求人票の「応募書類」欄には「履歴書・職務経歴書」と記載されているものが圧倒的であり、ジョブ・カード所持者が年々増えているなかにあっても（二〇一五年八月末時点でジョブ・カード保持者は約一三五万人）、提出を求める企業は大きく増えている状況にありません。これは、求人者が求職者の経験・知識や能力などを判断するに際して、履歴書や職務経歴書のほうが簡潔でわかりやすいと見ているものと思われます。

ただし、ジョブ・カードのなかの「キャリア・プランシート」には、キャリア・コンサルティング実施者の記載欄があり、これをどのように記述するかは重要と考えます。すなわち、労働者が気づかない、あるいは主張しづらい長所を客観的に記入することで、アピールすることにつながると考えます。

逆に、この欄において、労働者の不足する能力等を強調してしまうと、企業側からもマイナス評価を受ける可能性が高く、より慎重な対応が求められます。

いずれにせよ、応募書類としての活用に関しては、求職者や求人者の実情に即した選択を基本とすべきです。なお、一五年一〇月改訂後のジョブ・カードには、「職業能力証明シート（在職労働者の実務経験の評価用）」が加わり、これには恣意的・主観的な評価が入り込む余地が多く、当該シートは廃止すべきです。

三つには、助成金によるインセンティブを設けている点で問題があります。

各種の助成金のうち、「キャリアアップ助成金（人材育成コース）」「キャリア形成支援助成金」「企業内人材育成推進助成金」はジョブ・カードの活用を要件にしています。それぞれの詳細については割愛しますが、労働者にジョブ・カードを交付したうえで企業内での人材育成に対して助成を行なうことが基本となっています。しかし、企業内での人材育成に対して助成するにしても、ジョブ・カードの交付を必須とする必要はなく、効果的な育成メニューを実施したことに対して助成を行なうべきです。

なお、各種助成金には、政策効果の発揮に関わって疑問のあるものもあります。たとえば、正規での雇い入れが可能と思われるにもかかわらず、非正規で雇い入れを行なう企業があるなど、本末転倒な事態も生じています。

職業能力評価制度をめぐって

職業能力評価制度に関して、厚生労働省の「労働市場政策における職業能力評価制度のあり方に関する研究会」（座長　今野浩一郎学習院大学教授）による報告書（二〇一四年三月）のなかには「業界・企業における職業資格等職業能力評価の活用実態と課題」の項があり、その分析がこの制度の課題を言い当てていると考えます。すなわち、「（広い意味での）職業能力評価を『人材の採用』に用いるとする事業所は全体の三分の一弱にとどまる。検定等の職業資格に限ると、さらに活用は限定的と見込まれる」「募集・採用選考や、非正規雇用労働者の正社員登用といった場面での活用を見ると、『参照程度』の位置づけが通例。昇進等処遇の関わりでも概ね同様のことが言える」となっており、活用が進んでいない実態が浮き彫りとなっています。

こうしたなかで、新たな職業能力評価制度を構築したとしても、それが広く活用されるとは考えられません。厚生労働省は報告書のなかで、今後さまざまな工夫を講じると述べていますが、ジョブ・カード同様、工夫によって有用な制度へ転化するとは言い難いと考えます。とくに、報告書のなかでは、「職業能力の見える化」によって「外部労働市場での活用にも耐え得るものとする」としていますが、企業の募集・採用において広範に使用される明確性や安定性、客観性などが確保できるのか、はなはだ疑問です。

実際、業種・職種に一定共通するものさしを設定すること（あるいはそれを活用すること）は、一見可能に思える話かもしれませんが、実際には仕事・業務に関わる能力の評価にはきわめて多様な要素が含まれていることを考慮すべきです。現在の議論方向が、労働者の職業能力を高めるというよりも、企業のニーズに即した能力を明らかにするものである点も問題です。

なお、報告書のなかでは、諸外国における職業能力評価制度の分析も行なっています。そこでは、「職業能力評価と教育訓練との連動重視といった点は大いに参考になる」としながらも、「先進国間でも資格枠組のデザインは一様でなく、多様な設計がある」「主要な活用対象やレベルについても、各国の職業教育制度や労働市場政策上の課題、制度導入の目的の相違を反映し、ばらばらである」とし、「各国の職業能力評価の体系について、枠組そのもの体系性や学位との連動性を重視するアプローチは、これらの国とは状況が異なる我が国にあって、実効性に乏しいと考える」と結論づけています。

他方、報告書にもあるとおり、技能検定を中心に「従業員の職業能力開発に向けた目標」「企業全体の技能の底上げ・向上」などの点で積極的に活用されている状況にあることから、そうした方向を充実させるべきです。技能検定においても「産業活動の変化を踏まえた新たな職種の開拓（追加）」などの拡大方向が示されています（しかも、外部労働市場での活用を念頭に置いています）が、従前同様、ものづくり分野を中心とした検定の強みを発揮できる領域で、企業内での人材育成の観点で安定的運営を図るべきです。

また、制度を充実するうえでは、労働者の実情をよく知る労働組合の参画も欠かせません。とりわけ、現在の議論は処遇を置き去りにしたものであり、低位評価の労働者の賃金を抑制しかねません。むしろ、最低賃金を独立して生計が維持できる水準としたうえで、技能検定や職業能力評価の段階ごとに産業別のような最低賃金を設定し、所得保障とセットで引き上げる方策を議論すべきではないでしょうか。

職業訓練のあり方

公的職業訓練は職業能力開発の重要な柱とされてきました。二〇一四年度の実績（公共職業訓練・離職者訓練）では、訓練コース数・約七四〇〇コース、訓練受講者数・約一三万人、就職率・約七八%となっており、この間の実績を見ても一定の受講・就職状況が確保されています。

一方、二〇〇八年に創設された「基金訓練」（二〇一一年以降は「求職者支援訓練」）が一つの転機となりました。当該訓練は、リーマン・ショックによって多くの非正規労働者が離職し、その多くに雇用保険の受給権がないなかで、新たなセーフティネットとして創設された制度です。

具体的には、訓練期間中の生活給付とセットになった職業訓練ですが、生活給付に焦点が当たったため、給付金受給のために職業訓練の受講を希望する者が出るなどの混乱が生じました。あわせて、基金訓練はすべて民間施設での実施とされたため、民間の実施機関が急増しました。

もともと、公共職業訓練においても、国（実施主体は、独立行政法人高齢・障害・求職者雇用支援機構）や都道府県による「施設内訓練」だけでなく、民間施設に委託する「委託訓練」も行なわれてきました。しかし、求職者支援訓練が加わったことにより、民間施設での職業訓練が増加し、現在、全体の約八割が民間施設によるものとなっています。

この点、全労働は第二三回行政研究活動（二〇一二～二〇一四年）において、求職者支援訓練制度に関するレポート[*51]を取りまとめました。このレポートは、職員アンケートや第二三回全国労働行政研究集会（二〇一三年六月）における議論をもとに、求職者支援訓練や職業訓練そのもののあるべき姿を論じたものです。

レポートでは、全体として民間委託方式の問題点が浮き彫りにされており、とりわけ、訓練コース・科目の地域的偏在や、職業訓練の水準が決して高くない実態が指摘されています。もちろん、民間施設における講義の水準はさまざまであり、また、地域的偏在について、現状では国や都道府県のみで対応するのが難しい面もあります。

しかし、民間施設（専門学校等が中心）は都市部に集中しており、設備や講義に必要な経費にも限りがあることから、すべてを民間施設に委ねるには限界があります。

他方、公共職業訓練の施設内訓練は、地場産業とも密接に関連したコースが用意され、地元企業とものつながりを持っており、受講者からも企業からも高い評価を受けてきました。レポートでは、民間委託を拡大する方向ではなく、公共職業訓練（施設内訓練）を拡充することが必要と結論づけています。

職業訓練の受講に専念するには、生活面での保障も欠かせません。現行では、雇用保険受給者は失業給付を受給し、それ以外の求職者については、訓練受講給付金（要件あり）が支給されます。この点について、雇用保険受給者以外の求職者にかかる訓練受講給付金制度では、長期間の職業訓練を受講するには不十分であり、レポートにおいても、生活扶助的な制度の創設が必要であることを指摘しています。

この他、スキルアップや資格取得をめざす離職者・在職者が、自ら民間施設の講座を受講した際に費用面で支援する「教育訓練給付」があります。これは雇用保険における給付制度の一種であり、民間施設に支払った経費の一定額を支給するものです。

現在、約一二万人が受講して（給付を受けて）おり（二〇一四年度実績）、約九四〇〇講座（二〇一四年四月時点）が対象講座となっているなど、一九九八年の創設以降、制度の認知と利用が進んでいると言えます。また、二〇一四年度には、専門実践教育訓練給付が加わりました。これは専門的・実践的な教育訓練として指定された講座（業務独占資格等）を受講した際に給付する制度です。

こうした給付制度について、職業能力を高めるうえでの側面的な支援との趣旨自体を否定するものではありませんが、再就職に結びつく内容でなければなりません。制度発足当初は嗜好的と思われる講座も多く、そうした指摘がなされたため、厚生労働省は講座指定の基準を厳しくしましたが、引き続き厳格な対応が求められます。

全体として見た時に、民間中心の職業訓練・教育訓練は、専門学校・専修学校がその中心となっていることから、都市部に多くの施設が集中し、地域間格差が生じています。また、民間施設は、パソコンを中心としたＩＴ関係の講座などではその強みを発揮しますが、大がかりな設備や専門的技能をもった指導者が必要な「ものづくり」関係では、国（職業能力開発促進センターなど）や自治体（都道府県の高等技術専門学校など）が優位性を発揮しています。

いずれにしても、それぞれの地域で訓練科目や実施規模を調整する必要があり、現在、地域訓練協議会で毎年の実施計画が確立されていますが[*52]、求職者・労働者の職業訓練受講をすべからく保障するには、国が責任をもって職業訓練を実施することを基本としながら、民間施設を有効に活用すべきと考えます。

(3) キャリア教育よりも労働（労働者）教育を

厚生労働省は「日本再興戦略」と歩調を合わせながら、職業能力開発行政の方向性についての議論を加速度的に進めてきました。二〇一四年六月には、「職業能力開発の今後の在り方に関する研究会」を立ち上げ、同年九月に報告書をまとめています。

また、同時期には、省内に「職業能力開発行政改革検討チーム」を設置し、同年七月に「新しい職業能力開発行政の姿」をまとめています。さらに、これらの議論をふまえ、労働政策審議会・職業能力開発分科会は二〇一五年一月、「労働者の職業能力の開発及び向上を促進する労働市場インフラの戦略的強化」と題する報告書をまとめ、厚生労働大臣あて建議を行ないました（なお、この建議をふまえ、職業能力開発促進法一部改正案が三月一七日に通常国会へ上程され、九月一一日に成立しています）。

これらの報告では、さまざまな課題と対応方向が示されていますが、大きな特徴として挙げられるのが、産業界・企業ニーズへの対応と労働者本人のキャリア形成への支援です。実際に、労働政策審議会の建議（報告書）では、「企業の支出する教育訓練費や自己啓発に取り組む労働者の割合は減少傾向にあり、職業能力開発施策が十分に機能していない恐れ」があるとの問題意識を述べ、対応方策を示しています。

とくに、労働者自らが能力開発を行なうことに対しては、「支援の仕組みが必要」と強調していきます。労働政策審議会の建議でも、「個人の主体的なキャリア形成支援」「労働者本人によるキャリア形成の促進」が必要と繰り返し述べながら、職業能力開発促進法一部改正のなかで、①ジョブ・カード（職務経歴などの記録書）の普及・促進、②キャリアコンサルタントの登録制、③対人サービス分野などを対象にした技能検定制度の整備を掲げました。

また、「日本再興戦略二〇一五」（二〇一五年六月）でも、「働き手自らの主体的なキャリアアップの取組支援」と題して、「セルフ・キャリアドック（仮称）の導入」などの政策メニューを掲げています（「セルフ・キャリアドッグ」は二〇一六年度予算で具体化されました）。

これらは、自らに不足する職業能力を自覚させ、それを職業訓練（教育訓練）の受講などで補わせようとするものです。しかし、自己判断だけで能力開発を進めるのは必ずしも効果的とは言えません。むしろ、公共職業安定所における職業相談過程において、必要な能力開発分野とその涵養の仕方について明確化することが、再就職や職場定着などに有用と考えます。

あわせて、職業意識を高めることが強調されている点にも留意が必要です。今、「キャリア教育」の議論が盛んであり、「日本再興戦略二〇一五」でも「職業意識・実践的職業能力を高めるための教育機関改革」の項目を掲げ、「児童・生徒が将来、社会的・職業的に自立できるよう、初等中等教育から高等教育まで、年齢に応じた段階的なキャリア教育を構築する」と述べています。

一方、こうしたキャリア教育は、ともすれば企業ニーズに即した人材・能力を強調する傾向にあり、自己啓発や適応性を重視しがちです。もちろん、こうした観点も必要ですが、それだけでなく、働く者の権利について学び、職場や社会をよりよくする視点を身につけることも欠かせません。

厚生労働省も「今後の労働関係法制度をめぐる教育の在り方に関する研究会報告書」（二〇〇九年二月）を受けて、「知って役立つ労働法」と題したハンドブック等を作成・配付していますが、キャリア教育よりも労働（労働者）教育にこそ力を入れるべきです。

いずれにせよ、労働者・求職者の自己責任的な能力開発や職業意識の育成だけでは、労働者の権利を保障することにはなりません。とりわけ、自己啓発的なセミナーや講座がさまざまに行なわれている状況下にあって、職業能力を向上させるには、それらだけでは限界があります。

もちろん、在職者にとって「これまで企業内のＯＪＴに依拠した能力開発を前提としてきたが、今後、off‐JT及び企業外での能力開発を想定したインフラも考えていく必要がある」[*53]ことも事実であり、「受け皿となる良質な外部機関をいかに育て確保するか」[*54]が重要になってきています。したがって、企業内外での教育訓練と公的な職業訓練の充実によって、実践的な職業能力を養成すべきと考えます。

「職業に関わる適切な教育と訓練は、企業にとっても、労働者・求職者にとっても不可欠である。……労働者・求職者にとって適切な教育訓練を受けることは一つの権利と見るべきである。この権利は、ディーセント・ワークの権利の一環をなすものとして、労働権の一要素ととらえられる」（西谷敏『労働法〔第二版〕』（日本評論社、二〇〇八年）四九九頁）、「職業能力開発促進法は、日本国憲法の規定する職業選択の自由、健康で文化的な最低限度の生活を営む権利、能力に応じてひとしく教育を受ける権利、勤労の権利等の基本的人権の実質的な内容の実現に寄与するもの」（労働行政研究所編『改訂版　職業能力開発促進法』（労務行政、二〇〇八年）一一九頁）との観点はきわめて重要であり、最近では非正規労働者の能力開発についても、不十分ながらようやく議論が始まりました。しかし、具体的な内容はこれからであり、注視する必要があります。

そのうえで、「労働者の職業生活の全期間を通じて段階的かつ体系的な能力開発」（職業能力開発促進法三条）が行なわれるよう、国の労働行政が主体となり、求職者・労働者の権利を確保する視点をもった政策展開がなされるべきです。

＊50　諏訪康雄『労働法学は労働市場制度改革とどう向き合ってきたか』（独立行政法人経済産業研究所、二〇〇九年）。
＊51　「第二三回労働行政研究活動レポート【求職者支援制度】」（二〇一四年六月、全労働省労働組合）（http://www.zenrodo.com/teigen_kenkai/t02_1508_kyushoku_01.html）。
＊52　この点に関して、全労働「求職者支援制度の創設に関する提言～職業訓練の制度設計を中心に～」（二〇一一年一月）参照（http://www.zenrodo.com/teigen_kenkai/t02_koyouhousei/t02_1101_01.html）。
＊53　労働政策研究・研修機構編『日本の職業能力開発と教育訓練基盤の整備』（二〇〇七年）。
＊54　今野浩一郎「総論：欧米先進国の職業訓練政策の特徴と方向――わが国の政策の方向を考える」（労働政策研究・研修機構ＨＰ）（http://www.jil.go.jp/foreign/labor_system/2009_6/souron.html）。

5　雇用形態による格差をなくす――同一価値労働同一賃金原則の確立

(1)　労働運動の最重要課題

雇用の正規から非正規への移行が止まらない

二〇〇九年に三三・七％であった非正規雇用率が三四・四％、三五・一％、三五・二％、三六・六％、三七・四％と毎年上昇し、二〇一五年にも三七・四％となっています。一五歳から二四歳までの若者就労（就学者も含む）に限定すれば二〇〇九年に四五％であったものが二〇一五年には四七・八

%となっています（総務省「労働力調査」）。

雇用は、直接雇用・無期雇用が原則であるはずですが、もはや原則と例外が入れ替わるという雇用崩壊の事態が進行しています。

今こそ労働者が団結して労働者全体の労働条件の底上げを実現することが重要です。そのためには、「同一価値労働同一賃金原則の実現」が決定的に重要です。諸外国で法制化している「同一価値労働同一賃金原則」が日本ではいまだに実現していません。これらは、日本の雇用の正規と非正規の分断の原因であり、非正規増大の大きな要因でもあります。「同一価値労働同一賃金原則」確立の課題をしっかりと労働運動の最重要課題として位置づけていくことが重要です。

正規・非正規の格差をなくす

同じ仕事に従事しているのであれば同じ賃金を支払う。仕事に応じた適正な賃金を受けとる。ごくごく常識的な考え方です。国際的にもＩＬＯ条約や国連人権規約、国連女性差別撤廃条約などで広く「同一価値労働同一賃金」原則が規定され、多くの国がこの原則にもとづいて国内法規を整備しています。

ＥＵでは、すべての加盟国において、パートタイム労働指令、有期労働指令、派遣労働指令などが適用され、非正規労働者にも同一価値労働同一賃金原則にもとづく賃金制度が整備されています。日本においては、正規雇用労働者と非正規雇用労働者との賃金をはじめとする処遇の格差が著しく、その是正をはかる実効的制度の実現が急務です。

一九五一年に制定されたＩＬＯ一〇〇号条約（「同一報酬の労働についての男女労働者に対する同一賃金に関する条約」）一条一項は「各加盟国は、報酬率を決定するため行われている方法に適した手段によって、同一価値の労働についての男女労働者に対する同一報酬の原則のすべての労働者への適用を促進し、及び前記の方法と両立する限り確保しなければならない」と規定し、同一価値労働同一賃金原則を規定しています。二項では、国内法令、法令にもとづく賃金決定制度、労使協定、あるいはこれらの手段の組み合わせのいずれかによってこの原則を適用することを規定し、さらに三条一項は、職務を客観的に評価する措置が、条約の実施に役立つ場合には、その措置をとるべきことを規定しています。一〇〇号条約はＩＬＯの基本七条約のひとつであり、批准国も現在一七一か国に及んでいます。

日本も一九六七年に本条約を批准したのですが、男性と女性、正規と非正規の賃金格差が先進諸国のなかでもきわめて大きくさらに拡大傾向にあります。そのため、ＩＬＯの条約勧告適用専門委員会がたびたび日本政府に説明を求め続けており、二〇〇七年六月には総会委員会が日本政府に対して、国内法の整備を含む本条約の積極的促進のための政策を要請しています。

同一価値労働同一賃金原則は、日本が一九七九年に批准した国連人権委員会社会権規約七条にも「公正な賃金及びいかなる差別もない同一価値労働についての同一賃金」として規定されています。また、日本が一九八五年に批准した女性差別撤廃条約一一条にも「同一価値の労働についての同一報酬（手当を含む。）及び同一待遇についての権利並びに労働の質の評価に関する取扱いの平等についての権利」として規定されています。

女性差別撤廃条約は、雇用の分野では「人間の奪い得ない権利」としての労働の権利を女性に保障し、国に対し、女性に対する差別を撤廃するためのすべての適当な措置をとることを求めています。

派遣やパートなど正社員と雇用形態の異なる労働に従事する者が急増し、こうした雇用形態の労働者の賃金が正規雇用労働者の賃金と比較して著しく低い状況を是正していくためには、早急に同一価値労働同一賃金原則実現のための国内法の整備が必要です。

日本においては、労働基準法三条に、国籍、信条または社会的身分を理由とする賃金その他の差別的取り扱いを禁止する規定が置かれ、同法四条に女性であることを理由とする賃金差別の禁止が規定されています。しかし、これまで裁判所において、これらの規定は同一価値労働同一賃金原則を規定したものとは解釈されていません。[*55]

労働契約法の改正やパートタイム労働法の改正などによって正規雇用労働者と非正規雇用労働者の格差を是正する方向での一定の規定が新たに法律に盛り込まれたのですが、同一価値労働同一賃金原則の実施に向けた法整備はいまだなされていない状態です。

まず、第一弾の法整備として、労働契約法において、同一価値労働同一賃金原則の規定を創設すべきです。

条文の文言としては、たとえば「使用者は同一価値労働の職務に従事する労働者に対しては同一の賃金を支払わなければならない。ただし、異なる賃金を支払うことに合理的な理由が存する場合はこの限りではない。異なる賃金を支払うことの合理性については使用者が立証しなければならない」とすることが考えられます。

非正規雇用の「使い捨て」をなくす

雇用の流動化が好ましいのか好ましくないのかを論ずることが意味がないとは思いませんが、経済のグローバル化がますます進行するなかで増大する雇用の流動化にどう対処するかが重要になっています。

そうしたなかで、労働者の労働条件を維持・発展させていくためには、企業の枠を超えた外部労働市場においても「同一価値労働同一賃金原則」を確立していくことが必要です。この課題は労働契約法に「同一価値労働同一賃金原則」を法制化することによって実現するものではなく、労働運動の大きな課題です。そして、「同一価値労働同一賃金原則」の実現においては、職務に対する賃金額が適正な額でなければなりません。

適正という意味は、人間として文化的な生活を営むのにふさわしい賃金額という意味です。いくら同一価値の職務に対して同一額の賃金が支払われるようになったとしても、その水準額が低いのであれば意味がありません。水準額の引き上げは運動で勝ち取っていかなければなりません。

この課題を実現していくための労働組合の組織形態は産業別組織であることが基本です。企業の枠を超えた労働者の団結が必要です。従来型の企業別労働組合の運動には限界があります。韓国では民主労総が産業別組合への組織改変を実行しましたが、日本でもぜひ組合内での議論を深めてほしいと思います。

すぐに今の日本の企業別労働組合を産業別組織に改編することを期待することは難しいでしょう。しかし、同一価値労働同一賃金原則の適正な確立を日本の雇用現場に広く実現しようとするのであれば、組合の組織形態の変更は不可欠です。

正規と非正規の断絶をなくし、非正規雇用の「使い捨て」を解消するためにも組合の組織のあり方についても大いに議論してほしいところです。

(2) 「職務」の価値評価基準の確立

同一価値労働同一賃金原則を実施していくためには、何が同一価値労働であるかを客観的に評価する基準の確立が必要不可欠です。すなわち、「職務」の価値評価基準の確立が必要なのです。職務評価とは、職務内容を比較し、その大きさを相対的に測定する手法であり、人事管理上よく用いられている人事評価とは異なります。

職務評価方法にはいくつかの分類がありますが、要素別点数法が優れています。職務の大きさを構成要素ごとに評価する方法です。評価結果を、ポイントの違いで表すのが特徴であり、要素別にレベルに応じたポイントを付け、その総計ポイントで職務の大きさを評価します。

職務評価にあたっては、これらの職務評価項目の設定やウエイトについての客観性・公平性をどう担保するかが課題です。

二〇〇八年に国際労働機関（ＩＬＯ）が発行したガイドブック「公平の促進　平等な賃金実現のためのジェンダー中立的な職務評価（Promoting equity: Gender-neutral job evaluation for equal pay: A step-by-step guide)」では、①知識・技能（職務知識・コミュニケーションの技能・身体的技能）、②負担（感情的負担・心的負担・身体的負担）、③責任（人に対する責任・物に対する責任・財務責任）、④労働条件（労働環境・心理的環境）を職務評価項目として掲げています。国際的に一般的に採用されている基準です（**表Ⅳ-4**〈二三七頁〉）。

厚生労働省は、二〇一〇年四月に、パート労働法にもとづき、単純比較法による「職務分析・職務評価実施マニュアル」を公表しました。

このマニュアルは、「業務の内容」と「責任の程度」のみを評価項目とし、ひとつでも異なれば同一と見なさず、正規とパートの職務の違いを指摘するだけの手法であり、異なる職務の価値評価を目的とした国際基準に反しています（**表Ⅳ-5**〈二三七頁〉）。

多くの批判を受けて、厚生労働省は、最近のパンフレットで、要素別点数法の一つである学習院大学が開発した「GEM Pay Survey System」をモデルとして説明をしています。[*56]

「GEM Pay Survey System」では、八つの評価項目（「人材代替性」、「革新性」、「専門性」、「裁量性」、「対人関係の複雑さ（部門外／社外）」、「対人関係の複雑さ（部門内）」、「問題解決の困難度」、

「経営への影響度」）を挙げています。この八つの側面から職務の大きさを測定し、それぞれの評価項目ごとのウエイトを決定します。

重要な「評価項目」であれば、ウエイトは大きく設定されます。ウエイトを大きく設定することで、職務評価ポイントが大きく変化することになります。

このモデル案は、国際的に確立されている職務評価基準とはかなり異なっており、職務評価の客観性、公平性がきちんと保てるものであるのか疑問です。わが国において、さらなる研究と検証作業の積み重ねによって、早期に客観的で公平な職務評価制度が確立されることが必要です。

なお、日本では格差是正のアプローチとして、「均衡」処遇という考え方が唱えられ、労働法制にもたびたび登場しますが、「均衡」処遇は「同一価値労働同一賃金原則」からは導きられないものです。また、同一価値労働の評価基準要素として「人材活用の仕組み」を加えるべきであるとの見解があります。しかし、「人材活用の仕組み」は労働者が現在従事している職務とは別の要素です。同一価値労働同一賃金原則における評価の対象である職務は、国際的には労働者が現に従事している職務であり、将来従事する可能性のある職務ではないとするのが一般的です。

「人材活用の仕組み」を職務評価基準要素に加えることは基本的には賛成しかねます。もっとも、ＩＬＯ基準の②負担（心理的負担）として評価することは不可能ではないと考えます。

また、仮に人材活用のしくみが異なるとしても、そのことによる全体に占める当該要素のウェイトが過大であることは許されません。処遇を決定する基本要素は現在従事している職務であるとするこ

表Ⅳ-4　国際労働機関（ILO）による職務（役割）評価項目

基本的な職務評価項目	二次的な職務評価項目	説明
知識・技能	職務知識	職務を遂行する上で必要な知識、専門的な知識・資格
	コミュニケーションの技能	職務を遂行する上で必要な、顧客や利用者、職場の上司や同僚等と良好な関係を作るための、口頭または文書によるコミュニケーションの技能
	身体的技能	職務を遂行する上で必要な、手先の器用さ手わざの良さ・正確さ、機械や器具等を操作する技能
負担	感情的負担	職務を遂行する上で、顧客等の感情に配慮し、自分の感情を調整したり、相手の感情の起伏を冷静に受け止め、自分の感情を抑制したりする際に生じる負担
	心的負担	職務を遂行する上で要求される、集中力や注意力、同時進行で複数の仕事を行う、仕事の制限が厳しいなど、精神にかかる負担
	身体的負担	重量物の運搬、無理な姿勢の維持など、職務を遂行する上で要求される身体にかかる負担
責任	人に対する責任	同僚や部下の育成や管理、人事評価、勤務シフトの作成や調整等に関する責任
	物に対する責任	顧客情報の管理や秘密保持、土地や建物・備品等の維持・管理、顧客に提供する商品やサービスの創造・品質の維持・管理に関する責任
	財務責任	利益目標の実現に対する影響、職務上取り扱う金銭や金権等の取り扱い範囲・頻度・金額、予算計画の作成や予算の執行など、金銭に関する責任
労働条件	労働環境	埃、騒音、有害な化学物質、不快な温度や湿度など、勤務する状況の不快さや危険などの物理的な環境
	心理的環境	不規則な労働時間、深夜時間帯の勤務などが求められたり、仕事の重圧やプレッシャーがかかる状況で勤務する必要があったりするなどの心理的な環境

ILO 駐日事務所 HP を参考に作成。
（出所）厚生労働省「パートタイム労働者の納得度を高め能力発揮を促進するために～要素別点数法による職務評価の実施ガイドライン」（2012 年）。

表Ⅳ-5　職務（役割）評価表

氏名：(　　　　　)　雇用形態：パートタイム労働者・正社員　職種：(　　　　)　職位：(　　　　)

評価項目	定義	ウェイト	スケール	ポイント
①人材代替性	採用や配置転換によって代わりの人材を探すのが難しい仕事			
②革新性	現在の方法とは全く異なる新しい方法が求められる仕事			
③専門性	仕事を進める上で特殊なスキルや技能が必要な仕事			
④裁量性	従業員の裁量に任せる仕事			
⑤対人関係の複雑さ（部門外／社外）	仕事を行う上で、社外の取引先や顧客、部門外との調整が多い仕事			
⑥対人関係の複雑さ（部門内）	仕事を進める上で部門内の人材との調整が多い仕事			
⑦問題解決の困難度	職務に関する課題を調査・抽出し、解決につなげる仕事			
⑧経営への影響度	会社全体への業績に大きく影響する仕事			

（出所）厚生労働省「パートタイム労働者の納得度を高め能力発揮を促進するために～要素別点数法による職務評価の実施ガイドライン」（2012 年）。

とが公平の理念に合致すると考えます。

この点に関し、厚生労働省はさきほどのパンフレットにおいて、人材活用のしくみを職務評価要素とは異なる「活用係数」として、職務評価とは別の賃金の違いを認める要素としています。このパンフレットでは、以下のように紹介しています。

パートタイム労働者と正社員の賃金の違いを生む要因には、「職務の内容」と「人材活用の仕組みや運用など」があり、「活用係数」は人材活用の仕組みや運用など」の賃金に対する影響を考慮するためのものです。

「人材活用の仕組みや運用など」とは、具体的には、「時間外、休日労働、深夜勤務等、労働時間の柔軟性の違い」、「転居を伴う配転等、働く場所の柔軟性の違い」、「将来のキャリア形成の違い」などの賃金に影響を与えると考えられる要因である反面、職務（役割）評価では取り扱いにくいものを指します。そこで、この「人材活用の仕組みや運用など」の影響を、「活用係数」を用いて以下のように調整します。

もし、パート労働者と正社員が同じ職務に従事していても、「人材活用の仕組みや運用など」の違いからみて、パート労働者の賃金は正社員の八〇％に設定するのが適正であると考えれば、「活用係数」は八〇％になります。この「活用係数」の適正な水準は、各企業の事情によって異なります。「人材活用の仕組みや運用など」の現状を踏まえるとともに、合理的で納得が得られるものであることを考慮して、活用係数を設定してください。

処遇を決定する基本要素は現在従事している職務であるとすることが公平の理念に合致すると考えます。活用係数なるものを職務評価基準とは別個に設定し、職務が同一であるにもかかわらず、賃金格差を正当化しようとするものです。しかも、職務評価基準とは別個の基準とすることによって、過大な格差も正当化される危険性をもつ構造です。こうした二重の基準設定にはとうてい賛成できません。

同一価値労働同一賃金原則の実現には、法整備はもちろんですが、労働審判申立てなどを活用して速やかに是正するための独立専門機関が必要です。また職務評価を職場で具体的に実践するためには、企業側のコンサルタントではなく、都道府県労働局が職務評価のスキルを会得するために人材育成を行ない、スキルを持つ人が職務評価専門委員会を設置することが有効です。イギリスにおける専門家委員会の制度が参考になります。

この職務評価専門委員会は労働組合や企業の労務担当者、労働者自身が活用できる機関として機能しなければなりません。企業の利益を優先する職業能力評価制度ではなく、国際基準に則った公正で性中立な職務評価制度の確立こそが、男女賃金格差や雇用形態による賃金格差を是正する道です。

(3) 同一価値労働同一賃金の明文化の必要性

法整備の必要性について論じたいと考えます。

パートタイム労働法は、新たに「短時間労働者の待遇の原則」との表題で「事業主が、その雇用する短時間労働者の待遇を、当該事業所に雇用される通常の労働者の待遇と相違するものとする場合においては、当該待遇の相違は、当該短時間労働者及び通常の労働者の業務の内容及び当該業務に伴う責任の程度（以下「職務の内容」という。）、当該職務の内容及び配置の変更の範囲その他の事情を考慮して、不合理と認められるものであってはならない。」との規定を新設しました（八条[*57]）。

同規定は、二〇一二年に新設された有期労働契約であることによる差別を禁止する労働契約法二〇条の規定とほぼ同一の規定方式となっています（改正パートタイム労働法の規定は比較対象範囲が「当該事業所」であるのに対し、労働契約法二〇条は「同一の使用者」であり、より広範囲となっている点は異なっています）。

労働契約法二〇条は、有期労働契約についての差別禁止規定であり、改正パートタイム労働法八条は短時間労働契約についての差別禁止規定です。雇用形態の違いによる差別について共通の基準によって処理していこうとの明確な立法者意思が存在しています。そのこと自体は評価すべきです。

これらの規定は、労働契約が有期、あるいは短時間であることを理由とする不合理な差別を禁止することを定めたものですが、判断要素の例示は規定するものの不合理性の判断はあくまで総合的な判断とされています。そのために不合理性の主張立証責任の分配において困難な問題が生じるのです。

厚生労働省通達は「労働契約法第二〇条の不合理性の判断は、有期契約労働者と無期契約労働者との労働条件の相違について、職務の内容、当該職務の内容および配置の変更の範囲その他の事情を総合的に考慮して、個々の労働条件ごとに判断されるべきものである」としています。*58

そして、通達は「法第二〇条に基づき民事訴訟が提起された場合の裁判上の主張立証については、有期契約労働者が労働条件が期間の定めを理由とする不合理なものであることを基礎づける事実を主張立証し、他方で使用者が当該労働条件が期間の定めを理由とする合理的なものであることを基礎づける事実の主張立証を行うという形でなされ、同条の司法上の判断は、有期契約労働者および使用者双方が主張立証を尽くした結果が相対としてなされるものであり、立証の負担が有期契約労働者側に一方的に負わされることにはならないと解される」と記載しています。

また研究者の解説では、「主張立証責任については、労契法二〇条と同様に、格差の不合理性を根拠付ける事実は労働者側が、その合理性を根拠付ける事実は使用者側が負う」との記載もあります。*59

しかし、立証責任に関するこれらの記載は不正確です。これでは最終的に立証に至らなかったときの負担をどちらが負うのかが不明確であり、立証責任をどちらに負わせているのか示していないのです。これでは立証責任の分配とはいえません。

規定の文言に従う限り、労働者は、対象無期契約労働者との労働条件の相違と「期間の定め」との因果関係の存在、相違が「不合理であること」について立証しなければならないことになります。使用者は、期間の定めとの因果関係や不合理性について、労働者側がたくさんの評価根拠事実を積み上げることによって立証に成功し推認がおよぶ場合に、その推認を覆す評価障害事実を主張立証すれば足りることになります。問題は、どのような評価根拠事実があれば、因果関係や不合理性の推認が及ぶと考えられるかです。

労働者が請求の対象とする労働条件ごとに、その労働条件の性質に応じて、労働者側が主張立証すべき評価根拠事実が何であるかを類型的に整理すべきです。その際、労使間における証拠収集能力の差異を十分に考慮して分配がはかられなければなりません。

この主張立証責任の分配は、労働契約法二〇条の適用においても改正パートタイム労働法八条の適用においても、まったく同様に考えられるべきです。個々の裁判において、労働者に過度に重い主張立証責任が課されることがないように理論構築していかなければなりません。

非正規労働者の増大が深刻化した韓国では、日本より早く非正規労働者の保護立法が制定されました。

二〇〇六年に「非正規職保護法」と呼ばれる一連の法制定、法改正がなされましたが、有期雇用と短時間労働については「期間制及び短時間勤労者の保護に関する法律」（期間制法）が二〇〇七年七月一日から施行されています。

韓国では差別是正機関が労働委員会である点など日本と制度上の違いはあるのですが、韓国「期間制法」の規定内容や解釈運用は日本の労働契約法二〇条や改正パートタイム労働法八条の解釈にとって非常に参考になります。

パートタイム労働について、期間制法は八条二項で「使用者は、短時間労働者であることを理由に、当該事業または事業所において、同種または類似する業務に従事する通常労働者に比べて差別的処遇を行ってはならない。」と規定しています。日本の改正パートタイム労働法八条と類似した規定であり、「短時間労働」と「差別的処遇」との因果関係を求めている点は日本と共通です。

韓国労働委員会による差別是正の運用指針である雇用労働部作成の「『期間制法・派遣法』業務マニュアル」には、「この際の因果関係とは客観的因果関係を意味する。すなわち、使用者の主観的な差別意思の有無にかかわらず、客観的にみて「差別」が存在し、その差別が「非正規職」ということから起因したものと認められるなら、客観的因果関係があると認められる。」と解説されています。改正パートタイム労働法八条（労働契約法二〇条も同様）の「因果関係」も同様に解釈すべきです。

また、「期間制法」九条四項では、差別関連紛争において、その立証責任は使用者側が負わなければならないと規定しています。

この規定の立法趣旨については、現実的に使用者が勤労者よりも多くの情報を保持していることを反映したものであると一般に説明されています。残念ながら、日本のパートタイム労働法や労働契約法のなかには、こうした立証責任についての規定が存在していないのですが、解釈において大いに参考にすべきです。

改正パートタイム労働法八条の適用をめぐって、いかなる場合に労働条件とりわけ賃金についての差別が「不合理」と認められるかが問題となります。

改正前パートタイム労働法八条、九条の解釈に言及した京都市女性協会事件大阪高裁判決（平成二一年七月一六日労働判例一〇〇一号七七頁）は、「労働者の賃金は、単純に、労働により生み出された成果や付加価値、拘束時間によって決定されるものではなく、多種多様な考慮要素を斟酌して決せられていたものであり、労働者側もまた労働の成果や付加価値、拘束時間のみによって賃金が決定されるものではない上記のシステムを受容し、支持してきた面があることは否定できない。……このような年功序列的な長期雇用制度の下では、正規雇用労働者は、年功によって賃金の上昇が期待できるが、勤続年数、経験に応じた責任や、転勤、配転、残業等の負担が伴うことになる。ところが、長時間雇用制度の枠外にある非正規雇用労働者については、一般的にいえば短期的な需要によって求められるものであり、職務内容が限定的で責任も軽く、また、時間的な拘束も弱い場合が多い反面、賃金も固定的であるのが通常であると考えられる。そして、このような雇用形態の差異にもとづく賃金決定を、全面的に規制する実定法はなく、違法であるわけではない。」としています。

こうした見解は裁判所の一般的見解です。この判決は、改正前パートタイム労働法の一条、八条、九条そして労働契約法三条二項を指摘し、「以上の法律関係とその背景を総合すると、上記各法規のみならず、憲法一四条および労基法の基底には、正規雇用労働者と非正規雇用労働者との間における賃金が、同一（価値）労働であるにも関わらず、均衡を著しく欠くほどの低額である場合には、改善が図られなければならないとの理念があると考えられる。」とし、「非正規雇用労働者が提供する労働が、正規雇用労働者との比較において同一（価値）労働であることが認められるにも関わらず、当該事業所における慣行や就業の実体を考慮しても許容できないほど著しい賃金格差が生じている場合には、均衡の理念にもとづく公序違反として不法行為が成立する余地がある。」としました。

今回の改正パートタイム労働法八条の新設によってさらなる解釈上の前進は認められるはずです。しかしながら、基本とすべき合理性の判断基準が明確でないなかで「不合理」であることを立証することはきわめて困難です。そして何より、賃金は現実に労働している職務にもとづいて職務が同一であれば同一の賃金が支払われるのが基本であるとの原則の確認が必要です。日本でも速やかに「同一価値労働同一賃金」（均等待遇）原則を労働契約法に明文化すべきです。そして、このことは、合理性あるいは不合理性の主張立証責任をどちらが負担するかという実務上はきわめて重要な課題とも密接に関連しているのです。

(4) 「同一労働・同一賃金推進法」について

二〇一五年九月、国会で「労働者の職務に応じた待遇の確保等のための施策の推進に関する法律」（いわゆる「同一労働同一賃金法」）が成立しました。

同法は「労働者が、その雇用形態にかかわらずその従事する職務に応じた待遇を受けることができるようにすること」を基本理念として掲げます（二条一号）。国がそのための施策の策定、実施について責任があることを明示し（三条一項）、政府に法制上、財政上、税法上の措置を講ずることを求めています。

この法律は国に対し、雇用形態の実態などの調査（五条）、派遣労働者を含め通常の労働者と雇用形態の異なる労働者の均等待遇の実現のための立法を含む措置（六条）、通常の労働者への転換促進を含めた雇用環境整備のための必要な措置（七条）、教育の推進（八条）を求めています。

法文上は「同一労働同一賃金」という用語は使用されていません。しかし、この基本理念「労働者が、その雇用形態にかかわらずその従事する職務に応じた待遇を受けることができるようにすること」は、同一価値労働同一賃金原則の理念そのものです。もっとも、政府や厚労省などは「同一労働」との用語を用い「同一価値労働」の用語を使用しません。

国際的には「同一労働」を進化させた「同一価値労働」が一般的であり、厚労省などがわざわざ「価値」を除くことには特定の意図を感じます。同法には具体的に法律効果を発生させる規定はまったく存在せず、内容的にきわめて不十分な法律です。

とはいえ、雇用形態による格差の存在を認め、その解消のために同一価値労働同一賃金原則の理念を法文化したことは、今後わが国で同一価値労働同一賃金原則を確立していくにあたって足がかりとなるものであり、今回の法制化は評価できます。

いよいよ「同一価値労働同一賃金」を具体的にどう実現していくかが労働運動にとって重要な課題となってきました。同一価値労働同一賃金（均等待遇）原則確立の重要性について、多くの皆さんが認識を共有することを強く望みます。

＊55　代表的な判例として、丸子警報機事件・長野地裁上田支部判決平成八・三・一五労働判例六九〇号三二頁。
＊56　「パートタイム労働者の納得度を高め能力を発揮を促進するために～要素別点数法による職務評価の実施ガイドライン～」（厚生労働省、二〇一二年一一月）。
＊57　短時間労働者の雇用管理の改善等に関する法律の一部を改正する法律（平成二六年四月一六日成立、平成二七年四月一日施行）。
＊58　「労働契約法の施行について」（厚生労働省施行通達平成二四年八月一〇日基発〇八一〇第二号）。
＊59　岩村正彦「有期労働契約と不合理労働条件の禁止」土田道夫・山川隆一編『労働法の争点』（有斐閣、二〇一五年）一五七頁。

おわりに

労働市場政策の目的は何でしょうか。

ＩＬＯの「雇用政策に関する条約」（一九六四年採択、一九八六年批准）は、本書における「労働市場政策」の中心に位置する雇用政策を「経済の成長及び発展の促進、生活水準の向上、労働力需要の充足並びに失業及び不完全就業の克服を図るとの観点から、完全雇用、生産的な雇用及び職業の自由な選択を促進するための積極的な政策」と位置づけたうえで、「次のことを確保する目的で行われなければならない」としています。

① 仕事に就くことができ、仕事を求めているすべての者に対して仕事があること。

② かかる仕事は、できる限り生産的なこと。

③ 人種・皮膚の色・性・宗教・政治的見解・国民的出身または社会的出身のいかんを問わず、職業選択の自由があり、また各労働者が自分にふさわしい仕事への資格を取得し、自分の技能と才能を利用することにつき、最大限に可能な機会があること。

これらの点を重視するなら、労働市場政策は、経済社会情勢の的確な分析・予測にもとづき、労働市場における総需要の創出を担う産業政策や、生活支援を担う福祉政策などとの連携・整合を図りながら、一人ひとりの労働者（求職者）に「ディーセント・ワーク（働きがいのある人間らしい仕事）」を保障する政策と言えるでしょう。

そして今日、こうした「ディーセント・ワーク（働きがいのある人間らしい仕事）」の実現は、個々の労働者の人権保障の面だけでなく、現代社会のさまざまな課題を解決するうえでカギとなっている点も見逃せません。

たとえば、社会保障制度（医療・年金・介護など）を持続的に支える財政基盤を揺るがしているのは雇用の著しい劣化です。また、少子化の進行の原因を見ると、保育・育児支援制度の未整備に加えて、半失業状態（低賃金と不安定雇用）の広がりを無視できません。さらに、経済の好循環がなかなか実現しないのも、格差の拡大や実質賃金の伸び悩みによる内需（とくに個人消費）の低迷による部分が大きいと言えます。

労働市場政策の目的や位置づけをこのようにとらえたとき、現下のそれは「正しい処方箋」を提示しているでしょうか。さらに問うなら、現下のそれはさきほど述べた目的を共有していると言えるでしょうか。

労働市場政策の大枠を規定する「日本再興戦略」には、「企業の『稼ぐ力』を取り戻す」「企業が世界で一番活躍しやすい国づくり」といった大企業（とくにグローバル企業）の視点が前面に現れ、盛り込まれている施策も総じて新自由主義（ネオ・リベラリズム）の衣をまとっています。とくに労働分野の規制を「岩盤」と呼び、一つひとつ「穴を空ける」と勇ましく宣言している点は特徴的です。

今でも、規制のない自由な労働市場がもっとも効率的で最適な状態を作り出す、そして富裕層が潤えば、その富は順次、国民全体にも滴り落ちると信じているかのようです。

こうしたわが国の姿勢は、リーマン・ショック（二〇〇八年）を契機にさまざまなせめぎ合いのなかから政策面で反転を試みる国々（たとえば、オバマ政権の中間層重視の経済政策）と対照的です。日本で新自由主義が再び大手を振っているのは、もはやその正当性ゆえではなく、レント・シーキング（企業等が政府に働きかけて法制や政策を変更させ、利益を得ようとする活動）を覆い隠す「道具」として使い勝手がよいからではないでしょうか。

実際、「民間人材ビジネスの活用」は今日の労働市場政策の柱の一つに座り、財政面、情報面、制度面で国から人材ビジネスへの支援が強化され、その一方で公的職業紹介、公的職業訓練の縮小が続いていています。もとより、人材ビジネスのなかにも良心的な業者がいます。しかし、「人件費の大幅カット」「必要なとき必要なだけ」といった営業文句でシェアを広げている業者も少なくありません。

悪貨が良貨を駆逐することのないよう、人材ビジネス業者が労働者（求職者）の権利を犠牲にしながら利益を確保する行為をどう規制するか、この点こそ始めに議論されるべきでしょう。

一方、多くの労働者が労働市場の現状に不満と怒りの声を上げています。その原因を探ると、いくつもの課題が長く置き去りにされていることがわかります。

たとえば、①不安定雇用の解消（有期・間接雇用の規制）、②均等待遇（または不合理な差別の禁止）の実現、③雇用のセーフティネット（最低賃金、失業保障など）の確立、④変形労働・過重労働の規制、⑤労働者教育の充実、⑥失業給付の捕捉率の向上、⑦個人請負・アウトソーシングの適切な規制、⑧不適切求人の実効ある規制、⑨過度な退職勧奨の規制、⑩間接差別の実効ある規制、⑪過度な成果・ノルマ主義の規制、⑫いじめ・パワハラの適切な規制、⑬公的職業紹介・職業訓練の充実といった点を指摘することができますが、今日の労働市場政策のなかにこれらの課題に向き合う積極的な姿勢を見出すことはできません。

労働市場政策の目的にてらして優先すべき課題へのアプローチを回避し、企業・業界の要望を受け入れ続ける動きは「迷走」と形容せざるを得ませんが、その背景にある二つの「歪み」を指摘したいと思います。

一つは、政策決定プロセスの「歪み」です。

現下の労働市場政策は、内閣府におかれた産業競争力会議（民間議員は大企業経営者や新自由主義者が大半）などの議論の到達点がそのまま政府の基本方針に引き写されていきます。その後に開催される労働政策審議会（厚生労働省）の議論も結論が先取りされていることから、労使が対等な立場で向き合いながら、丁寧に合意形成する過程が形骸化しています。ＩＬＯがディーセントワークの実現に向けて、「社会対話の促進」をとりわけ強調していることも想起すべきでしょう。

もう一つは、政策議論の出発点の「歪み」です。

現下の労働市場政策の出発点は、「労働時間規制を望まない労働者のニーズ」「行き過ぎた雇用維持型」「日本の正社員は世界一守られている」「人材ビジネスの方が効率的」「労働時間規制が柔軟な働き方を阻害している」など、明らかに誤った認識が出発点となっており、そこから効果的な政策は生まれるとは思えません。

いま労働市場政策は、こうした「歪み」を正しながら、その本来の目的に立ち返った議論と実践が求められています。本書が新しい労働市場政策の構築に向けた議論の契機となれば幸甚です。

本書は、「はじめに」で記したとおり、「労働市場政策のあり方研究会」における自由闊達な議論の到達点などをベースとし、各テーマを分担した執筆者がその責任でまとめたものです。末筆となりましたが、同研究会にご参加いただいたすべての皆さんに心から感謝を申し上げます。加えて、本書の刊行に向けた有益なアドバイスに加えて、数々の労をとっていただいた旬報社の古賀一志氏にも深く謝意を表します。

二〇一六年五月

森崎　巖

編著者紹介

伍賀一道（ごか　かずみち）

金沢大学名誉教授。1947年生まれ。専門は社会政策論。

主な著書・編著に『「非正規大国」日本の雇用と労働』（新日本出版社、2014年）、『ディーセント・ワークと新福祉国家構想』（旬報社、2011年、共著）ほか。

脇田　滋（わきた　しげる）

龍谷大学法学部教授。1948年生まれ。専門は労働法。

主な著書・編著に、『常態化する失業と労働・社会保障 危機下における法規制の課題』（日本評論社、2014年、共著）、『ワークルール・エグゼンプション—守られない働き方』（学習の友社、2011年）ほか。

森﨑　巖（もりさき　いわお）

全労働省労働組合中央執行委員長。1959年生まれ。1982年労働基準監督官任官。

主な著書・論文に、『行政不服審査制度の改革』（日本評論社、2008年、共著）、「震災後の雇用・労働施策の概要と課題 」季刊労働法235号（2011年）ほか。

執筆者（執筆順）

後藤道夫（ごとう　みちお）　都留文科大学名誉教授
河村直樹（かわむら　なおき）　全労働省労働組合中央副執行委員長
秋山正臣（あきやま　まさおみ）　全労働省労働組合中央副執行委員長
藤田和恵（ふじた　かずえ）　フリージャーナリスト
津川　剛（つがわ　つよし）　全労働省労働組合書記長
中村和雄（なかむら　かずお）　弁護士